legislação trabalhista e rotinas trabalhistas

inter saberes

legislação trabalhista e rotinas trabalhistas

Silvano Alves Alcantara

5ª edição
revista e atualizada

inter saberes

Rua Clara Vendramin, 58
Mossunguê . CEP 81200-170
Curitiba . PR . Brasil
Fone: (41) 2106-4170
www.intersaberes.com
editora@intersaberes.com

■ Conselho editorial
Dr. Alexandre Coutinho Pagliarini
Drª. Elena Godoy
Dr. Neri dos Santos
Dr. Ulf Gregor Baranow

■ Editora-chefe
Lindsay Azambuja

■ Gerente editorial
Ariadne Nunes Wenger

■ Assistente editorial
Daniela Viroli Pereira Pinto

■ Preparação de originais
Bruno Gabriel

■ Edição de texto
Caroline Rabelo Gomes
Fabia Mariela De Biasi
Gustavo Piratello de Castro
Monique Francis Fagundes Gonçalves
Tiago Krelling Marinaska

■ Projeto gráfico
Raphael Bernadelli

■ Capa
Sílvio Gabriel Spannenberg (*design*)
Oleg Golovnev/Shutterstock (imagem)

■ Diagramação
Maiane Gabriele de Araujo

■ Equipe de *design*
Iná Trigo
Charles L. da Silva
Mayra Yoshizawa
Luana Machado Amaro

■ Iconografia
Célia Regina Tartalia e Silva
Regina Claudia Cruz Prestes

Dados Internacionais de Catalogação na Publicação (CIP)
(Câmara Brasileira do Livro, SP, Brasil)

Alcantara, Silvano Alves
  Legislação trabalhista e rotinas trabalhistas / Silvano Alves Alcantara. -- 5. ed. rev. e atual. -- Curitiba : Editora Intersaberes, 2023.

  Bibliografia.
  ISBN 978-65-5517-063-4

  1. Trabalho – Leis e legislação – Brasil I. Título.

22-122125   CDU-34:331(81)(094)

Índices para catálogo sistemático:
1. Brasil: Empregadores e empregados: Relações de trabalho: Legislação: Direito do trabalho   34:331(81)(094)
2. Brasil: Legislação trabalhista aplicada: Direito do trabalho   34:331(81)(094)

Cibele Maria Dias – Bibliotecária – CRB-8/9427

1ª edição, 2014.
2ª edição – revista e atualizada, 2016.
3ª edição – revista e atualizada, 2018.
4ª edição – revista e atualizada, 2020.
5ª edição – revista e atualizada, 2023.

Foi feito o depósito legal.

Informamos que é de inteira responsabilidade do autor a emissão de conceitos.

Nenhuma parte desta publicação poderá ser reproduzida por qualquer meio ou forma sem a prévia autorização da Editora InterSaberes.

A violação dos direitos autorais é crime estabelecido na Lei n. 9.610/1998 e punido pelo art. 184 do Código Penal.

apresentação 11

como aproveitar ao máximo este livro 13

Parte um **Legislação trabalhista - 17**

Capítulo 1 **Princípios trabalhistas - 19**

- 1.1 Princípio da irrenunciabilidade de direitos - 20
- 1.2 Princípio da irredutibilidade salarial - 23
- 1.3 Princípio da intangibilidade salarial - 25
- 1.4 Princípio da continuidade da relação de emprego - 28
- 1.5 Princípio da primazia da realidade - 33
- 1.6 Princípio da proteção ao trabalhador - 36
- 1.7 Princípio da unicidade sindical - 40

Capítulo 2 **Relação individual de trabalho - 45**

2.1 Sujeitos da relação de emprego - 46
2.2 Relação de trabalho *versus* relação de emprego - 49
2.3 Contrato individual de trabalho - 53
2.4 Estabilidade provisória - 68
2.5 Sistema de compensação de horas - 74
2.6 Trabalho da mulher - 76
2.7 Assédio moral e assédio sexual - 77

Capítulo 3 **Relação coletiva de trabalho - 87**

3.1 Autonomia e liberdade sindical - 88
3.2 Organização sindical - 91
3.3 Negociações coletivas - 97
3.4 Greve - 101

Parte dois **Rotinas trabalhistas - 109**

Capítulo 4 **Departamento de pessoal - 111**

4.1 Conceito de departamento de pessoal - 112
4.2 Documentação necessária para a admissão de empregados - 116

Capítulo 5 — Contratos de trabalho - 123

- 5.1 Teoria geral dos contratos - 124
- 5.2 Contrato individual de trabalho - 125
- 5.3 Contrato de experiência - 129
- 5.4 Contrato de aprendizagem - 131
- 5.5 Contrato de estágio - 135
- 5.6 Contrato de trabalho verde e amarelo - 137

Capítulo 6 — Da rotina de trabalho propriamente dita - 145

- 6.1 Jornada de trabalho - 146
- 6.2 Turnos ininterruptos de revezamento - 148
- 6.3 Intervalos - 151
- 6.4 Remuneração - 152
- 6.5 Faltas - 161
- 6.6 Férias - 167
- 6.7 13º salário - 170
- 6.8 Aviso-prévio - 172
- 6.9 Contribuição previdenciária - 177
- 6.10 Folha de pagamento - 178
- 6.11 Seguro-desemprego - 183
- 6.12 Fundo de Garantia do Tempo de Serviço - 186

Capítulo 7   **Benefícios previdenciários - 193**

- 7.1   Beneficiários da Previdência Social - 194
- 7.2   Aposentadoria voluntária - 197
- 7.3   Aposentadoria por incapacidade permanente - 198
- 7.4   Aposentadoria do professor - 199
- 7.5   Aposentadoria especial - 199
- 7.6   Auxílio-doença - 200
- 7.7   Auxílio-acidente - 201
- 7.8   Salário-maternidade - 202
- 7.9   Salário-família - 205
- 7.10   Benefício de Prestação Continuada da Assistência Social - 206
- 7.11   Auxílio-reclusão - 206
- 7.12   Pensão por morte - 209

considerações finais   215

lista de siglas   217

referências   219

respostas   229

sobre o autor   239

*A Meri, Mandy e Nina, amores da minha vida,
pela dedicação, pelo carinho, pela alegria
e pela compreensão, que fazem de nosso lar
o porto seguro, alicerce necessário para que
possamos realizar os projetos almejados.*

*À minha querida sobrinha Kelma, brilhante
contadora, pelos préstimos na elaboração
da folha de pagamento.*

*Quando foi publicada a primeira edição desta
obra, ainda não havia vindo ao mundo nosso
querido e amado Henrique, mas a ele também
presto meus agradecimentos, pois me faz ver
a vida com mais serenidade.*

*A Isadora, nossa neta e irmã do Henrique, que
chegou para nos alegrar e reconfortar todos
os dias com sua meiguice, merecendo também
nossa homenagem.*

O objetivo da presente obra é tratar, primeiramente, da legislação trabalhista. Para tanto, abordamos as interpretações doutrinária e jurisprudencial, especialmente o entendimento do egrégio Tribunal Superior do Trabalho (TST), que, embasado nos princípios trabalhistas, sustenta a compreensão das relações individual e coletiva do trabalho. Buscamos explicar o que é relação de emprego – com seus requisitos caracterizadores –, identificando as entidades constituídas que representam cada grupo econômico ou profissional.

Em seguida, analisamos, no âmbito da relação individual, o contrato de trabalho desde o seu início – quando é acordado entre o empregado e o empregador, com os respectivos conceitos legais –, passando pelos tipos de alterações que pode sofrer até o momento de sua extinção, em suas várias possibilidades.

Concernente à relação coletiva do trabalho, após examinarmos os sindicatos, tratamos das negociações coletivas, bem como dos conflitos (especialmente a greve) que podem ocorrer entre os grupos de empregados e de empregadores, representados por suas entidades de classe.

Em um segundo momento, investigamos a aplicabilidade, por meio das rotinas trabalhistas, de vários conceitos abordados na

apresentação

primeira parte da obra, aliando a teoria à prática e somando outros conteúdos.

Sempre que possível, adotamos uma linguagem mais coloquial e, ao mesmo tempo, dialógica, para que o assunto fique mais acessível e seja possível a você, além de apreciar a leitura, compreender os institutos tratados. Essa linguagem é bem diferente daquela normalmente usada nas obras de caráter puramente jurídico, das quais este livro se diferencia, pois tem cunho essencialmente pedagógico, com vistas a atingir o aluno de graduação de áreas não jurídicas, principalmente o do ensino a distância. Entendemos que se trata, para muitos, do primeiro contato com a legislação trabalhista.

Preferimos dividir a obra somente em duas partes para que os conteúdos possam ser estudados didaticamente. Os temas estão intimamente relacionados – em geral, um completando o outro –, pois, quando da análise dos institutos pertinentes à rotina trabalhista, obrigatoriamente, será necessário o embasamento na legislação trabalhista.

Esperamos, enfim, que este material – que não se propõe a esgotar os assuntos aqui tratados – possa ajudar a compreender um pouco mais daquilo que faz parte do dia a dia de boa parte da população: a relação entre o empregado e o empregador, ou seja, a relação de emprego, com todas as suas peculiaridades.

Empregamos nesta obra recursos que visam enriquecer seu aprendizado, facilitar a compreensão dos conteúdos e tornar a leitura mais dinâmica. Conheça a seguir cada uma dessas ferramentas e saiba como elas estão distribuídas no decorrer deste livro para bem aproveitá-las.

Conteúdos do capítulo:

Logo na abertura do capítulo, relacionamos os conteúdos que nele serão abordados.

Após o estudo deste capítulo, você será capaz de:

Antes de iniciarmos nossa abordagem, listamos as habilidades trabalhadas no capítulo e os conhecimentos que você assimilará no decorrer do texto.

Perguntas & respostas

Nesta seção, respondemos a dúvidas frequentes relacionadas aos conteúdos do capítulo.

como aproveitar ao máximo este livro

Exercício resolvido

Nesta seção, você acompanhará passo a passo a resolução de alguns problemas complexos que envolvem os assuntos trabalhados no capítulo.

Síntese

Ao final de cada capítulo, relacionamos as principais informações nele abordadas a fim de que você avalie as conclusões a que chegou, confirmando-as ou redefinindo-as.

Questões para revisão

Ao realizar estas atividades, você poderá rever os principais conceitos analisados. Ao final do livro, disponibilizamos as respostas às questões para a verificação de sua aprendizagem.

Questões para reflexão

Ao propor estas questões, pretendemos estimular sua reflexão crítica sobre temas que ampliam a discussão dos conteúdos tratados no capítulo, contemplando ideias e experiências que podem ser compartilhadas com seus pares.

Para saber mais

Sugerimos a leitura de diferentes conteúdos digitais e impressos para que você aprofunde sua aprendizagem e siga buscando conhecimento.

Consultando a legislação

Listamos e comentamos nesta seção os documentos legais que fundamentam a área de conhecimento, o campo profissional ou os temas tratados no capítulo para você consultar a legislação e se atualizar.

15

legislação trabalhista – parte um

I

Princípios trabalhistas

Conteúdo do capítulo:

» Princípios do direito do trabalho.

Após o estudo deste capítulo, você será capaz de:

1. apontar os princípios norteadores do direito do trabalho;
2. dar os primeiros passos para a compreensão da legislação trabalhista, com respaldo nos princípios explícitos ou implícitos existentes do regramento jurídico trabalhista.

Quando falamos de ***princípio jurídico***, é importante destacar que nos referimos à base, ao indicador para o entendimento daquilo que buscamos compreender.

Para alguns doutrinadores, os princípios jurídicos são de vital importância, pois o desrespeito a qualquer um deles pode significar uma afronta a todo o sistema jurídico. De acordo com o entendimento de Mello (2021, p. 959):

> *violar um princípio é muito mais grave do que transgredir uma norma. A desatenção ao princípio implica ofensa não apenas a um específico mandamento obrigatório, mas a todo o sistema de comandos. É a mais grave forma de ilegalidade ou inconstitucionalidade, conforme o escalão do princípio atingido, porque representa insurgência contra todo o sistema, subversão de seus valores fundamentais, contumélia irremissível a seu arcabouço lógico e corrosão de sua estrutura mestra.*

Isso também se aplica ao direito do trabalho. Arriscamo-nos a dizer que aquele que entende seus princípios certamente compreende o cerne desse ramo do direito.

Alguns princípios trabalhistas estão explicitados na Constituição Federal (CF) de 1988 (Brasil, 1988) ou na legislação infraconstitucional; outros são implícitos ao regramento jurídico.

1.1 Princípio da irrenunciabilidade de direitos

As normas do direito laboral são imperativas e não podem ser, por conseguinte, extintas ou alteradas pelos sujeitos da relação trabalhista (mesmo em comum acordo) ou unilateralmente pelo empregador ou pelo empregado (como nas situações de transação e renúncia). Isso se aplica, é claro, se tais modificações tiverem o objetivo de prejudicar o empregado, pois, se forem em seu benefício, serão sempre bem-vindas.

Na mesma esteira, Delgado (2020, p. 195) entende que o princípio da indisponibilidade dos direitos trabalhistas "traduz a inviabilidade técnico-jurídica de poder o empregado despojar-se, por sua simples manifestação de vontade, das vantagens e proteções que lhe asseguram a ordem jurídica e o contrato".

Qualquer proposta ou acordo que forem feitos no sentido de se deixar de lado os direitos do trabalhador serão considerados **nulos**, incorrendo quem assim proceder em tentativa ou efetiva concretização de **fraude** da legislação trabalhista. Isso porque, mesmo existindo esse acordo extrajudicial, o juiz não estará obrigado a homologá-lo. Vejamos o teor de súmula do Tribunal Superior do Trabalho (TST):

> Súmula n. 418 do TST
> MANDADO DE SEGURANÇA VISANDO À HOMOLOGAÇÃO DE ACORDO (nova redação em decorrência do CPC de 2015) – Res. 217/2017 – DEJT divulgado em 20, 24 e 25.04.2017
> A homologação de acordo constitui faculdade do juiz, inexistindo direito líquido e certo tutelável pela via do mandado de segurança. (Brasil, 2005c)

Na mesma esteira, posiciona-se o Tribunal Regional do Trabalho (TRT) da 7ª Região:

> RECURSO ORDINÁRIO. ACORDO EXTRAJUDICIAL. Se o acordo extrajudicial proposto nada explica a respeito das circunstâncias que desaguaram na suposta concessão mútua de direitos, é manifesta a intenção de tornar a Justiça do Trabalho cega rubricadora de acordos, chancelando desavisadamente tudo quanto apareça. É de profunda temeridade homologar a transação que não possibilita, por seus termos, a identificação do grau de dúvida ou risco de litigiosidade, que importa em renúncia a direitos indisponíveis ou que demonstra inexistência ou desequilíbrio nas renúncias recíprocas. Não deve, pois, deveras, ser homologado, porque a chancela judicial na presente hipótese não é ato meramente cartorário. Ademais, por expressa previsão legal, constitui-se

> em faculdade atribuída ao juiz do trabalho, não se tratando de direito líquido e certo das partes (art. 855-E, parágrafo único, da CLT). Recurso ordinário conhecido e improvido. (TRT-7, Processo n. 000525-23.2019.5.07.0025, Relator: Claudio Soares Pires, 2ª Turma, Data de julgamento: 02/12/2019, Data de publicação: 11/12/2019 DEJT).
>
> (Brasil, 2019c)

Às vezes, o empregado é colocado em uma situação delicada, que o "obriga", pelo menos momentaneamente, a abrir mão de determinados direitos trabalhistas. Por isso mesmo, o princípio da irrenunciabilidade de direitos é também chamado por parte da doutrina de *princípio da indisponibilidade de direitos*, pois alcança uma amplitude muito maior.

Grandes indagações podem existir a esse respeito. Por exemplo: O empregado pode, deve ou precisa renunciar a algum direito?

> *Qualquer proposta ou acordo que forem feitos no sentido de se deixar de lado os direitos do trabalhador serão considerados nulos, incorrendo quem assim proceder em tentativa ou efetiva concretização de fraude da legislação trabalhista.*

As circunstâncias que se apresentam nesse sentido são muitas, mas podemos citar aquelas mais comuns: o contrato de trabalho sem a devida anotação na Carteira de Trabalho e Previdência Social (CTPS) e a anotação de somente parte do salário.

A legislação explicitamente condena qualquer ajuste firmado simplesmente para forjar a situação existente. Assim, o art. 9º* da Consolidação das Leis do Trabalho (CLT) – Decreto-Lei n. 5.452, de 1º de maio

---

* "Art. 9º Serão nulos de pleno direito os atos praticados com o objetivo de desvirtuar, impedir ou fraudar a aplicação dos preceitos contidos na presente Consolidação." (Brasil, 1943)

de 1943 (Brasil, 1943) – recomenda que tudo aquilo que for feito com o intuito de afrontar a legislação, desrespeitando-a, será considerado **nulo** de pleno direito.

Perguntas & respostas

Suponhamos que, ao conversar com seu futuro empregador para ajustar as bases do contrato, você recebe uma proposta salarial que atende às suas expectativas, mas ele diz a você que não fará a devida anotação em sua CTPS, pagando tudo "por fora". Você, sem alternativas – uma vez que precisa de um emprego imediatamente –, aceita e começa a trabalhar. Tendo aceitado a proposta do empregador, você renuncia automaticamente a alguns de seus direitos trabalhistas?

Resposta: Podemos encontrar a resposta a essa questão explicitamente no art. 9º da CLT, segundo o qual tudo aquilo que for feito com o intuito de afrontar a legislação, desrespeitando-a, será considerado nulo de pleno direito. É bem verdade que determinados direitos não poderão ser usufruídos de imediato, porém você não perdeu direito nenhum.

1.2 Princípio da irredutibilidade salarial

Todos certamente sabem ou ouviram falar que o salário **não pode ser reduzido**. A CF traz, em seu art. 7º, inciso VI, a garantia de "irredutibilidade do salário, salvo o disposto em convenção ou acordo coletivo" (Brasil, 1988). Trata-se do princípio da irredutibilidade salarial, também chamado de *princípio da inalterabilidade contratual*, e tem sua aplicação mais restrita.

A restrição de sua aplicação no direito do trabalho se deve ao fato de que o contrato laboral não pode ser alterado, tornando-se, portanto, intocável sempre que essa alteração ocorrer no sentido de prejudicar o empregado.

Assim, entendemos que, como regra, nenhum salário pode ser reduzido, sendo isso garantido ao empregado, salvo em casos de vicissitudes que possam surgir durante a vigência do contrato de trabalho e ser alvo de negociações coletivas.

E como isso acontece?

Consideremos, por exemplo, as situações de dispensa em massa, quando o empregador não consegue suportar a carga salarial de seus empregados, em função dos encargos sociais e de tudo o mais que representa financeiramente cada emprego. Em negociação coletiva com a entidade representativa da categoria, decide-se pela redução do salário de todos os empregados, com o amparo constitucional.

Essa é uma prática legal? É justa a adoção de tal posição?

Ainda para reflexão, colocando-se o caso na balança, qual é o prejuízo maior a ser causado, direta ou indiretamente: uma dispensa em massa ou a redução salarial, que fará com que todos continuem com seus empregos, podendo, quem sabe na sequência, após passadas as agruras momentâneas do empregador, a situação voltar àquilo que era antes?

São questões a serem analisadas com bastante tranquilidade e imparcialidade, que não podem ser resolvidas no calor das emoções, independentemente de estarmos envolvidos em alguma das posições, vivenciando diretamente essa situação, ou de estarmos completamente fora do contexto.

É importante frisar que a regra é que o salário não seja reduzido, porém, em determinadas circunstâncias, principalmente quando da iminência de um prejuízo maior – como uma dispensa em massa –, é preferível reduzir em certo valor os salários dos empregados a ter de dispensá-los.

Essa situação somente será possível se formalizada por meio de **acordo** ou **convenção** coletivos de trabalho, ou seja, com os empregados representados por sua entidade de classe.

> Reafirmando essa exigência de que a redução dos salários somente poderá ser feita mediante acordo ou convenção coletivos de trabalho, a Lei n. 13.467, de 13 de julho de 2017 (Brasil, 2017), inseriu o art. 611-A na CLT. Conforme esse dispositivo, os acordos e as convenções coletivos de trabalho podem se sobrepor à lei, trazendo um rol de situações possíveis, entre as quais está seu inciso IV. Este trata da adesão ao Programa Seguro-Emprego (PSE), criado pela Lei n. 13.189, de 19 de novembro de 2015 (Brasil, 2015d), a qual prevê a diminuição da jornada diária de trabalho, com consequente redução de salários.

1.3 Princípio da intangibilidade salarial

Vamos, primeiramente, entender o que é tangibilidade.

Tangibilidade é a qualidade daquilo que é tangível, ou seja, tudo aquilo que genericamente pode ser tocado ou apalpado.

Podemos entender, assim, que o salário não pode ser tomado por ninguém?

O salário é o requisito mínimo obrigatório da relação de emprego, sendo a contraprestação paga pelo empregador ao empregado em razão de sua prestação de serviços. Ele é extremamente protegido pelo ordenamento jurídico para que não perca seu valor e esteja integralmente à disposição do empregado após este ter adquirido seu direito, para sua subsistência e a de sua família.

Sabemos que o salário está protegido contra terceiros, não podendo sofrer genericamente qualquer constrição, excetuando-se os casos de prestação alimentar determinada pela Justiça, bem como as importâncias excedentes a 50 (cinquenta) salários-mínimos mensais.

É bem verdade que, mesmo indiretamente, o salário sofre suas derrotas. Dessa forma, podemos afirmar que este é reduzido com o passar do tempo, porque seus reajustes não são condizentes com a realidade econômico-financeira do país, perdendo valor aquisitivo automaticamente. Nessas situações, o empregado pouco ou nada pode fazer.

Em regra, o salário do empregado não pode ser reduzido diretamente, a não ser por meio de acordo ou convenção coletiva do trabalho. Mas será que, de alguma forma, o salário pode ser tocado pelo empregador?

Perguntas & respostas

Os princípios basilares do direito do trabalho visam, acima de tudo, à preservação dos direitos do trabalhador em face de sua hipossuficiência na relação laboral. O que o **princípio da intangibilidade salarial** assegura ao empregado?

Resposta: Conforme esse princípio, é vedado ao empregador efetuar descontos no salário do empregado, mesmo com seu consentimento, quando forem abusivos, sem previsão expressa no art. 462 do Decreto-Lei n. 5.452/1943: "Ao empregador é vedado efetuar qualquer desconto nos salários do empregado, salvo quando este resultar de adiantamentos, de dispositivos de lei ou de contrato coletivo" (Brasil, 1943).

O art. 462 da CLT refere-se, essencialmente, a descontos efetuados pelo empregador sem a devida concordância do empregado e, em alguns casos, mesmo com sua anuência, quando esses descontos ultrapassam a barreira legal.

Repetimos que o empregador, na condição de empresário ou não, é aquele que assume os riscos de seu negócio, não podendo, em qualquer circunstância, transferir – mesmo que em parte – essa responsabilidade ao trabalhador. Mas este, como parte mais frágil na relação laboral, na maioria das vezes, aceita que essa prática se efetive, dando aval ao empregador para que descontos, mesmo abusivos, possam ser feitos em seu salário, sendo, assim, lesado seu patrimônio.

A verba salarial tem **natureza alimentar** e, como tal, é garantida por nosso ordenamento jurídico. Essa intangibilidade salarial pode ser estudada sob dois aspectos. O primeiro está diretamente relacionado ao contrato de trabalho, e o segundo refere-se a terceiros.

Concernente à **relação de trabalho**, o princípio em comento determina, exatamente, que o salário do empregado não seja tangível e não possa ser alcançado pelo empregador para que dele faça uso. Se explicitamente não há previsão constitucional, o Decreto-Lei n. 5.452/1943 é bastante claro em seu art. 462. Ele proíbe qualquer tipo de desconto, com exceção dos adiantamentos salariais e daqueles casos em que, comprovadamente, o empregado tenha causado dano por sua culpa ou dolo e que, assim, tenham sido anteriormente acordados.

No que tange a **terceiros**, o Código de Processo Civil – Lei n. 13.105, de 16 de março de 2015 (Brasil, 2015a) –, que se apresenta de maneira subsidiária à interpretação e à efetivação da legislação trabalhista, traz as situações de impenhorabilidade absoluta em seu art. 833. Entre essas situações está, em seu inciso IV*, o salário, sendo previstas, no parágrafo 2º, as exceções: pensão alimentícia, independentemente de sua origem, e importâncias excedentes a 50 salários-mínimos mensais.

1.4 Princípio da continuidade da relação de emprego

Quando a relação de trabalho se inicia, o que se passa na cabeça de cada um dos sujeitos nesse primeiro momento?

O empregado, que enfim encontrou um emprego em que a remuneração é boa, espera que o patrão o trate com respeito, que o ambiente de trabalho seja muito bom e que, se tudo correr bem, consiga ali se aposentar.

O empregador imagina que, afinal, apareceu o empregado qualificado para desempenhar a função – que parece ser cumpridor de suas responsabilidades, relaciona-se muito bem com os clientes e com os demais funcionários e trabalha em grupo com facilidade – e que o manterá durante muito tempo.

Parece utopia, mas é a pura realidade. Tanto é assim que o próprio direito do trabalho tutela a **permanência do vínculo empregatício**, entendendo que, como regra, o prazo de duração do contrato

---

* "Art. 833. São impenhoráveis:
[...]
IV – os vencimentos, os subsídios, os soldos, os salários, as remunerações, os proventos de aposentadoria, as pensões, os pecúlios e os montepios, bem como as quantias recebidas por liberalidade de terceiro e destinadas ao sustento do devedor e de sua família, os ganhos de trabalhador autônomo e os honorários de profissional liberal, ressalvado o § 2º;
[...]." (Brasil, 2015a)

individual de trabalho é indeterminado, havendo, como exceção, os contratos a termo.

Sendo essa uma de suas finalidades, o direito do trabalho espera que, com a conservação do vínculo de emprego, as duas partes somente tenham benefícios.

Especialmente no caso do empregado, que é o grande foco de proteção, quanto mais tempo se mantiver no emprego, mais direitos trabalhistas ele terá. Isso porque, certamente, a legislação e as negociações coletivas, que tendem somente a preservar esses direitos, vão gradativamente melhorando-os, além das próprias conquistas que o empregado pode alcançar, como as promoções ou as demais vantagens em virtude do tempo trabalhado.

O empregador, por sua vez, terá a obrigação de provar o término da relação de emprego, conforme entendimento do TST na Súmula n. 212: "O ônus de provar o término do contrato de trabalho, quando negadas a prestação de serviço e o despedimento, é do empregador, pois o princípio da continuidade da relação de emprego constitui presunção favorável ao empregado" (Brasil, 2003d).

Hoje, o empregador organizado investe muito mais na força de trabalho de seus funcionários, especialmente naqueles que, segundo sua visão, realmente "vestem a camisa", ou seja, apostam na longevidade da relação de emprego. Além disso, a permanência por longo período no mesmo emprego gera para o empregado, pelo menos, a expectativa de estabilidade, fazendo com que, psicologicamente, sinta-se mais tranquilo.

Esse princípio também conta com a proteção constitucional trazida no art. 7º, inciso I, da CF*.

---

* "Art. 7º [...]: I – relação de emprego protegida contra despedida arbitrária ou sem justa causa, nos termos de lei complementar, que preverá indenização compensatória, entre outros direitos." (Brasil, 1988)

> A Carta Magna de 1988 determina, em outras palavras, a **segurança** e a **continuidade** da relação de emprego ao protegê-la contra despedida arbitrária ou sem justa causa, prevendo uma indenização compensatória e outros direitos.

Chegamos, assim, à inteligência de que – salvo os casos de contrato a termo, que já têm seu prazo de término estipulado desde o começo – o obreiro tem a garantia de que não será despedido arbitrariamente ou sem justa causa e, se isso acontecer, deverá ser indenizado, além de outros direitos a ele devidos, o que lhe dá, de alguma forma, certa estabilidade.

Mas a disposição constitucional é firme em estipular que lei complementar regulamentará essa proteção, determinando as condições da referida indenização.

E qual é essa lei complementar? Ela já existe?

Uma lei complementar que abranja essas regulamentações ainda não existe, mas, no Ato das Disposições Constitucionais Transitórias (ADCT), o constituinte, intuindo a morosidade na instituição da lei regulamentadora, em seu art. 10, incisos I e II*, determinou previsão paliativa no sentido de dar garantias, de certa forma, ao trabalhador que se encontrar nessa situação, a fim de que não permaneça na dependência da criação do diploma legal.

Assim, enquanto não é promulgada uma lei complementar regulamentando as tratativas previstas no art. 7º, inciso I, da CF, fica valendo a indenização prevista no art. 10, incisos I e II, do ADCT.

---

* "Art. 10. Até que seja promulgada a lei complementar a que se refere o art. 7º, I, da Constituição:
I – fica limitada a proteção nele referida ao aumento, para quatro vezes, da porcentagem prevista no art. 6º, 'caput' e § 1º, da Lei n. 5.107, de 13 de setembro de 1966;
II – fica vedada a dispensa arbitrária ou sem justa causa:
[...]." (Brasil, 1988)

Em outras palavras, a indenização se refere a 40% sobre os valores devidos, depositados ou não em conta vinculada ao Fundo de Garantia do Tempo de Serviço (FGTS), correspondente à relação de emprego extinta, reforçando-se, ao mesmo tempo, a proibição da dispensa arbitrária ou sem justa causa.

Ainda, a Lei n. 8.036, de 11 de maio de 1990 (Brasil, 1990b) – que dispõe sobre o FGTS –, reitera a mesma sanção em seu art. 18, parágrafo 1º*.

Vale lembrar que se diretamente não se criou, por meio de lei complementar, a regulamentação da indenização ao trabalhador para as dispensas arbitrárias, a Lei Complementar n. 110, de 29 de junho de 2001 (Brasil, 2001), gerou uma "dor de cabeça" a mais ao empregador que intentasse tal prática – ou seja, dispensar arbitrariamente ou sem justa causa seu empregado.

Em seu art. 1º, tal lei dispõe sobre a contribuição social a ser paga pelo empregador em caso de despedida de empregado sem justa causa, correspondente a 10% sobre o montante de todos os depósitos devidos referentes ao FGTS, relativos ao contrato de trabalho extinto nessas situações, todos eles devidamente atualizados, porém, tal dispositivo legal foi revogado pela Lei n. 13.932, de 11 de dezembro de 2019 (Brasil, 2019b).

No entanto, o Supremo Tribunal Federal (STF), conforme decisão a seguir ementada, entendeu que a cobrança dessa contribuição é constitucional.

---

*   "Art. 18. [...].
    § 1º Na hipótese de despedida pelo empregador sem justa causa, depositará este, na conta vinculada do trabalhador no FGTS, importância igual a quarenta por cento do montante de todos os depósitos realizados na conta vinculada durante a vigência do contrato de trabalho, atualizados monetariamente e acrescidos dos respectivos juros." (Brasil, 1990b)

RECURSO EXTRAORDINÁRIO. REPERCUSSÃO GERAL. TEMA 846. CONSTITUCIONAL. TRIBUTÁRIO. CONTRIBUIÇÃO SOCIAL PREVISTA NO ART. 1º DA LEI COMPLEMENTAR 110, DE 29 DE JUNHO DE 2001. PERSISTÊNCIA DO OBJETO PARA A QUAL FOI INSTITUÍDA.
1. O tributo previsto no art. 1º da Lei Complementar 110/2001 é uma contribuição social geral, conforme já devidamente pacificado no julgamento das ADIs 2556 e 2558. A causa de sua instituição foi a necessidade de complementação do Fundo de Garantia do Tempo de Serviço FGTS, diante da determinação desta SUPREMA CORTE de recomposição das perdas sofridas pelos expurgos inflacionários em razão dos planos econômicos denominados "Verão" (1988) e "Collor" (1989) no julgamento do RE 226.855.
2. O propósito da contribuição, à qual a sua cobrança encontra-se devidamente vinculada, não se confunde com os motivos determinantes de sua instituição.
3. O objetivo da contribuição estampada na Lei Complementar 110/2001 não é exclusivamente a recomposição financeira das perdas das contas do Fundo de Garantia do Tempo de Serviço – FGTS em face dos expurgos inflacionários decorrentes dos planos econômicos Verão e Collor.
4. A LC 110/2001 determinou que as receitas arrecadadas deverão ser incorporadas ao Fundo de Garantia do Tempo de Serviço – FGTS (art. 3º, § 1º), bem como autorizou que tais receitas fossem utilizadas para fins de complementar a atualização monetária resultante da aplicação, cumulativa, dos percentuais de dezesseis inteiros e sessenta e quatro centésimos por cento e de quarenta e quatro inteiros e oito décimos por cento, sobre os saldos das contas mantidas, respectivamente, no período de 1º de dezembro de 1988 a 28 de fevereiro de 1989 e durante o mês de abril de 1990 (art. 4º, caput).

> 5. Já o artigo 13 da Lei Complementar 110/2001 determina que *As leis orçamentárias anuais referentes aos exercícios de 2001, 2002 e 2003 assegurarão destinação integral ao FGTS de valor equivalente à arrecadação das contribuições de que tratam os arts. 1° e 2° desta Lei Complementar).*
> 6. Ao estabelecer que, até o ano de 2003, as receitas oriundas das contribuições ali estabelecidas terão destinação integral ao FGTS, pode-se concluir que, a partir de 2004, **tais receitas poderão ser parcialmente destinadas a fins diversos, desde que igualmente voltados à preservação dos direitos inerentes ao FGTS, ainda que indiretamente**.
> 7. Portanto, subsistem outras destinações a serem conferidas à contribuição social ora impugnada, igualmente válidas, desde que estejam diretamente relacionadas aos direitos decorrentes do FGTS.
> 8. Recurso extraordinário a que se nega provimento. Tese de repercussão geral: "É constitucional a contribuição social prevista no artigo 1° da Lei Complementar n° 110, de 29 de junho de 2001, tendo em vista a persistência do objeto para a qual foi instituída.". (Brasil, 2020b, grifo do original)

Portanto, além da indenização a ser paga ao empregado, correspondente a 40% do montante depositado em sua conta de FGTS, o empregador precisará desembolsar mais 10% a título de contribuição social aos cofres do Estado.

1.5 Princípio da primazia da realidade

O princípio da primazia da realidade está bem próximo do princípio da irrenunciabilidade de direitos e, de certa forma, vem para reforçá-lo, visto que, de vez em quando, o empregado é compelido a trabalhar em tarefas diferentes daquela para a qual foi contratado.

É bem verdade que, em boa parte dessas situações, isso é bom e importante para o funcionário, pois ele está aprendendo novo ofício. Contudo, o problema se instala quando o **desvio de função** se torna comum, especialmente quando à nova função desempenhada corresponde uma remuneração maior do que a da função para a qual o empregado foi contratado e o empregador não o remunera de maneira condizente com a realidade atual.

> *Se o que se verifica de fato é situação diversa da contratada e, por isso, o empregado está sendo prejudicado, terá validade o que realmente está acontecendo, em detrimento do anteriormente contratado.*

Devemos ter plena consciência de que o contrato de trabalho será válido e terá força de lei entre os sujeitos da relação laboral, devendo assim ser desde o início até a extinção. Isso deve acontecer nos contratos tácitos ou expressos, verbais ou escritos, desde que acordado entre as partes, exercendo cada uma delas sua autonomia de vontade e respeitadas as normais legais.

No entanto, será que há uma situação na qual, no decorrer do contrato de trabalho, a situação **real** e a **de fato** se transmudem e o que foi acordado inicialmente, para todos os efeitos legais, continue sendo cumprido pelas partes?

Não parece ser tão difícil imaginar alguns casos.

Exemplificando pelo menos um, vamos supor que um empregado tenha sido contratado para desempenhar determinada função, com jornada diária previamente estipulada, bem como salário e demais regras do contrato de trabalho – todas elas amparadas pela legislação. Com o tempo, o empregador nota que o empregado em questão desenvolve rapidamente suas atividades e procura aprender as demais funções da empresa, incluindo-se as de chefia, que são superiores à sua.

Aproveitando-se dessa vontade e facilidade do empregado, o empregador utiliza sua mão de obra em trabalhos distintos daquele para o qual o contratou, em tarefas que têm remuneração maior do que a contratada – ocorrendo o conhecido *desvio de função*.

É para evitar esse tipo de dano que o princípio da primazia da realidade sobre a forma deve ser aplicado.

Segundo Delgado (2020), pelo princípio da primazia da realidade, devemos pesquisar o que de concreto aconteceu na prestação de serviços, independentemente daquilo que tenha sido acordado entre partes.

Se o que se verifica de fato é situação diversa da contratada e, por isso, o empregado está sendo prejudicado, terá validade o que realmente está acontecendo, em detrimento do anteriormente contratado.

Para reforçar a compreensão de que, para a legislação trabalhista, o que interessa é o que **acontece na realidade** – qualquer que seja o acordo firmado, mesmo por escrito –, trazemos o pensamento de Nascimento (2014). Segundo ao autor, "o princípio da realidade visa à priorização da verdade real diante da verdade formal. Entre os documentos sobre a relação de emprego e o modo efetivo como, concretamente, os fatos ocorreram, deve-se reconhecer estes em detrimento dos papéis" (Nascimento, 2014, p. 456), podendo o empregado, quando quiser, requerer o que lhe é devido.

Perguntas & respostas

Você foi contratado pela empresa X Ltda. para desempenhar a função de escriturário, com o salário de R$ 900,00. Precisando eventualmente entregar determinados documentos a seus clientes, seu empregador solicitava a você que assim o fizesse, utilizando-se até mesmo de seu meio de locomoção, uma motocicleta. Você conseguia, a duras penas, dar conta de suas tarefas previstas contratualmente, ao mesmo tempo que realizava as entregas e, quando estas se avolumaram, passou a executar somente essa função, sem que nenhuma alteração contratual tenha sido efetuada. O salário de *motoboy*, nesse caso, era superior ao de escriturário. Você entende que está perdendo algum direito trabalhista? Poderia fazer algo a respeito?

Resposta: Você poderá pleitear seus direitos trabalhistas, não observados por seu empregador, embasando-se essencialmente no princípio da primazia da realidade sobre a forma, pois a situação de fato é diversa da contratada.

1.6 Princípio da proteção ao trabalhador

Lembramos que todos os princípios trabalhistas visam à proteção da parte mais fraca da relação de emprego, que é o trabalhador. No entanto, mesmo assim, existe um princípio específico de proteção ao empregado.

Trata-se do princípio da proteção ao trabalhador, que explicita justamente que as normas do direito do trabalho estão todas voltadas a amparar juridicamente a parte mais frágil na relação laboral – ou seja, o trabalhador –, com o intuito, de certa forma, de mitigar o real desnível existente em tal relação. Esse princípio serve como referência para outros casos peculiares, que parte dos doutrinadores classificam como subprincípios.

O art. 7º da Constituição de 1988 estabelece todas as garantias do obreiro na relação empregatícia, sendo todos comandos protetores do trabalhador em face do empregador.

O princípio protecionista serve, portanto, para resguardar o trabalhador em qualquer momento da relação laboral e, quando seus direitos não são preservados, estes poderão ser pleiteados via tutela jurisdicional, requerendo ao Estado-juiz que os garanta.

Na esfera do direito processual do trabalho, esse princípio também deve ser aplicado para atender às mesmas deficiências do trabalhador. Por isso é tido por muitos como o **grande princípio** – ou o **supraprincípio** – do direito do trabalho, uma vez que está sempre presente.

O princípio da proteção ao trabalhador normalmente é subdividido pela doutrina em três **subprincípios** dele decorrentes, um completando o outro. Vejamos a seguir cada um deles.

1.6.1 Da norma mais favorável

Pelo princípio da norma mais favorável, e sempre tendo como norteador o princípio da proteção, o aplicador deve escolher aquela norma que traga mais benefícios ao obreiro ou que melhor atenda aos interesses deste.

Para sua aplicação, é permitida até mesmo a prevalência de regra hierarquicamente inferior em detrimento de outra superior na ordem jurídica, se aquela proporcionar uma **vantagem** ao trabalhador no caso concreto.

É claro que a aplicação da norma mais favorável se vincula obrigatoriamente aos ditames legais, dentro dos parâmetros que o ordenamento jurídico determina, para que a segurança jurídica da relação laboral seja preservada. Lembramos que, ao eleger a norma mais favorável, o intérprete ou o aplicador deve ter sempre em mente a classe de trabalhadores envolvida, e não somente o direito de determinado trabalhador de forma individual.

Nesse contexto, salientamos que a interpretação a ser feita deve acontecer da maneira mais completa possível, com a adoção de todos os métodos disponíveis no sistema jurídico existente, do sistemático ao teleológico, para que o aplicador do direito não cometa erros na tentativa única de proteger o trabalhador.

1.6.2 Do *in dubio pro operario*

Diante de uma situação concreta ou da simples leitura de um texto jurídico, se o intérprete estiver com dúvidas reais quanto ao seu sentido ou entendimento entre as possibilidades interpretativas cabíveis, deverá **optar em favor do empregado** (Nascimento, 2014).

Alguns autores, que também denominam esse princípio de *in dubio pro misero*, ainda encontram a mesma possibilidade no processo trabalhista. Quando se encontrar o juiz com dúvida real na interpretação de determinada prova, deverá fazê-lo em benefício do empregado – mas, ao contrário, como muito bem lembra Delgado (2020, p. 206, grifo do original),

> *Hoje, a teoria do ônus da prova sedimentada do Direito Processual do Trabalho, e o largo espectro de presunções que caracteriza esse ramo especializado do Direito já franqueiam, pelo desequilíbrio de ônus probatório imposto às partes (em benefício do prestador de serviços), possibilidades mais eficazes de reprodução, no processo, da verdade real. Em consequência, havendo dúvida do juiz em face do conjunto probatório existente e das presunções aplicáveis, ele deverá decidir em desfavor da parte que tenha o ônus da prova naquele tópico duvidoso, e não segundo a diretriz genérica **in dubio pro operario**.*

Cremos que, acima de tudo, havendo dúvidas quanto ao direito em certa situação da relação laboral que se apresente, aquele que tenha a obrigação de interpretar deverá zelar pela **razoabilidade** e pela **sensatez**.

1.6.3 Da condição mais benéfica

Durante o período de vigência do contrato de trabalho, algumas regras podem sofrer alterações.

Pelo princípio da condição mais benéfica, situação prevista em cláusula contratual que seja mais vantajosa ao trabalhador sobrepõe-se à outra que venha regulamentar a relação laboral impondo, para ele, condição menos interessante.

O TST editou a Súmula n. 51 para que não haja dúvida: "As cláusulas regulamentares, que revoguem ou alterem vantagens deferidas anteriormente, só atingirão os trabalhadores admitidos após a revogação ou alteração do regulamento" (Brasil, 2005b).

Importa dizer que aquilo que já existe e que seja mais benéfico ao empregado deve ser preservado, pois se entende como **direito adquirido**.

Fica evidente que não se trata de questão conflituosa entre regras. O princípio evidencia sua aplicação em relação às cláusulas contratuais, ou seja, relativa e exclusivamente ao contrato de trabalho ou ao regulamento da empresa empregadora. Isso indica que o aplicador das normas trabalhistas deve escolher a condição mais benéfica, em detrimento, às vezes, de uma norma mais moderna, zelando principalmente pelo direito adquirido, respaldado pela CF em seu art. 5º, inciso XXXVI*.

---

* "Art. 5º [...]
[...]
XXXVI – a lei não prejudicará o direito adquirido, o ato jurídico perfeito e a coisa julgada;
[...]." (Brasil, 1988)

1.7 Princípio da unicidade sindical

A CF de 1988 determina a livre associação profissional ou sindical, informando que todos os trabalhadores têm a liberdade de se associar e de se retirar dessa associação a seu critério. Além de outras determinações, proíbe a criação de mais de uma entidade, de qualquer nível, que represente a mesma categoria de empregados ou de empregadores em uma mesma base territorial, não podendo ser menor que a área de um município. É o que se chama, assim, de ***sindicato único***, respaldado no princípio da unicidade sindical.

Para alguns autores, essa obrigatoriedade é benéfica aos trabalhadores, pois, ao estarem agrupados em uma mesma base, a força para buscar as melhorias de qualquer categoria certamente será maior. Esse pensamento é corroborado por Nascimento (2014, p. 1.277): "em abono do sindicato único afirma-se que promove melhor a unidade do grupo, a sua solidez e a união indispensável para que as suas reivindicações, maciçamente manifestadas, tenham condições de influir".

Chegamos ao final da análise dos princípios trabalhistas. Esperamos que esse panorama facilite a compreensão dos demais institutos que apresentaremos nos capítulos a seguir.

Síntese

Neste capítulo, abordamos os princípios mais importantes do direito do trabalho, que norteiam todo o entendimento da legislação trabalhista, especialmente no que se refere aos direitos do empregado.

Ao examinar cada um dos princípios, é possível concluir que o empregado, que é a parte mais frágil da relação de emprego, não precisa nem deve renunciar a seus direitos – e, mesmo quando o faz, a legislação o protege, compreendendo que tudo o que for acordado no sentido de ludibriá-lo será considerado nulo de pleno direito.

Para a legislação trabalhista, o que tem valor é aquilo que acontece na realidade, independentemente de qualquer acordo firmado em outro sentido.

Questões para revisão

1) Certo empresário, precisando contratar um funcionário, faz um anúncio nas mídias especializadas, especificando todas as informações e solicitando aos interessados que lhe enviem seus currículos com a pretensão salarial. Você se interessa pelo emprego, remete seu currículo e é chamado para uma entrevista. Após longa conversa com o empresário, ele diz a você que está bastante satisfeito com o que ouviu, pois acredita que encontrou a pessoa certa para ocupar a vaga, mas que não conseguirá remunerá-lo de acordo com sua pretensão salarial. Segundo ele, com os acréscimos dos encargos sociais, o valor mensal a ser desembolsado ficará muito elevado. Ele sugere que sua contratação seja feita sem a devida anotação do contrato de trabalho na CTPS, para que, assim, não incidam os encargos sociais. O que você faz?

2) A jurisprudência do TST, por meio da Súmula n. 212, entende como presunção favorável ao empregado o fato de, quando em juízo, determinar ao empregador a obrigatoriedade de provar o término do contrato de trabalho e a dispensa do empregado (Brasil, 2003d). Tal entendimento está alicerçado em que princípio trabalhista?

3) Com relação aos princípios do direito do trabalho, analise as afirmativas a seguir.

   I. O princípio da proteção está alicerçado em três ideias ou regras, a saber: *in dubio pro operario*, regra da norma mais favorável e regra da condição mais benéfica.

   II. O princípio da irrenunciabilidade de direitos impõe a presunção de que a vontade do trabalhador pode ser submetida a vícios de consentimento, ou seja, ele pode renunciar a determinados direitos, os quais jamais poderão ser pleiteados.

   III. O princípio da primazia da realidade leva ao entendimento de que as situações realmente concretas, acontecidas entre os sujeitos da relação de emprego, predominam sobre qualquer outro acordo firmado, ainda que por escrito e assinado por ambos os sujeitos.

   Agora, assinale a alternativa que apresenta a resposta correta:
   a. Todas as afirmativas são verdadeiras.
   b. Apenas a afirmativa I é verdadeira.
   c. Apenas as afirmativas II e III são verdadeiras.
   d. Apenas as afirmativas I e II são verdadeiras.
   e. Apenas as afirmativas I e III são verdadeiras.

4) Entre os princípios de proteção da relação trabalhista está o princípio da norma mais favorável. É possível entender por esse princípio que:
   a. quando o intérprete estiver diante de duas regras jurídicas para decidir um caso concreto, deverá optar pela mais favorável ao empregado.
   b. deverá o aplicador optar por uma norma mais antiga, mesmo que esta traga menos benefícios ao empregado.

c. ao intérprete será dada a opção de decidir por norma mais favorável ao empregado somente quando esta for imperativa.

d. quando da instituição de regras trabalhistas, o legislador trabalhista deverá ter sempre em mente o bem-estar do empregado, sem a necessidade de uma interpretação sistemática.

e. é dada a liberdade aos sujeitos da relação laboral (empregado e empregador) de escolher a norma mais favorável ao contrato de trabalho que ambos estão acordando.

5) Quando a CF de 1988 estipula, em seu art. 7º, inciso XIII, que a duração do trabalho normal não deve ser superior a 8 horas diárias e a 44 horas semanais, facultando a compensação de horários e a redução da jornada, desde que por meio de acordo ou convenção coletivos de trabalho, acima de tudo está contemplando o princípio da:

a. norma mais favorável.
b. irrenunciabilidade de direitos.
c. proteção.
d. primazia da realidade.
e. irredutibilidade da carga horária.

Questões para reflexão

1) É correto dizer que o empregado pode, ou deve, renunciar a algum direito trabalhista em determinados casos?

2) Para uma categoria profissional, é melhor ou pior ter mais de um sindicato que a represente?

Para saber mais

Consulte a obra de Maurício Godinho Delgado, na qual o autor oferece maior embasamento para aprofundar o tema deste capítulo.
DELGADO, M. G. **Curso de direito do trabalho**. 19. ed. São Paulo: LTr, 2020.

Consultando a legislação

Conheça integralmente teor das legislações abordadas neste capítulo.
BRASIL. Constituição (1988). **Diário Oficial da União**, Brasília, DF, 5 out. 1988. Disponível em: <http://www.planalto.gov.br/ccivil_03/Constituicao/Constituicao.htm>. Acesso em: 14 set. 2022.
BRASIL. Lei Complementar n. 110, de 29 de junho de 2001. **Diário Oficial da União**, Poder Legislativo, Brasília, DF, 30 jun. 2001. Disponível em: <http://www.planalto.gov.br/ccivil_03/leis/lcp/Lcp110.htm>. Acesso em: 14 set. 2022.
BRASIL. Lei n. 8.036, de 11 de maio de 1990. **Diário Oficial da União**, Poder Legislativo, Brasília, DF, 14 maio 1990. Disponível em: <http://www.planalto.gov.br/ccivil_03/leis/l8036consol.htm>. Acesso em: 14 set. 2022.
BRASIL. Lei n. 13.105, de 16 de março de 2015. **Diário Oficial da União**, Poder Legislativo, Brasília, DF, 17 mar. 2015. Disponível em: <http://www.planalto.gov.br/ccivil_03/_ato2015-2018/2015/lei/l13105.htm>. Acesso em: 14 set. 2022.
BRASIL. Lei n. 13.932, de 11 de dezembro de 2019. **Diário Oficial da União**, Poder Executivo, Brasília, DF, 12 dez. 2019. Disponível em: <http://www.planalto.gov.br/ccivil_03/_ato2019-2022/2019/lei/L13932.htm>. Acesso em: 14 set. 2022.

II

Relação individual de trabalho

Conteúdos do capítulo:

- » Conceitos legais de empregado e empregador.
- » Requisitos do vínculo empregatício.
- » Contrato individual de trabalho.
- » Estabilidades provisórias.
- » Sistema de compensação de horas.
- » Trabalho da mulher.
- » Assédio moral e assédio sexual.

Após o estudo deste capítulo, você será capaz de:

1. diferenciar a relação de emprego da relação de trabalho;
2. indicar quem pode ou não ser empregado e empregador;
3. compreender a formação do contrato de trabalho, suas alterações, suas formas de extinção e os casos de estabilidade provisória;

4. avaliar algumas situações de estabilidade nas quais o empregado tem a garantia de permanecer no trabalho, sem que aconteça a dispensa arbitrária;
5. identificar o funcionamento do banco de horas, bem como o momento e a forma de instituí-lo em uma empresa;
6. tratar sobre o trabalho da mulher e suas conquistas na área trabalhista;
7. distinguir "assédio moral" de "assédio sexual" com base nas respectivas características.

Neste capítulo, analisaremos a **relação individual de trabalho** entre o empregado e o empregador.

Trataremos dos conceitos de cada um dos sujeitos que compõem a relação individual de trabalho, bem como diferenciaremos a relação "de trabalho" da relação "de emprego". Entre os principais temas abordados estão o **contrato individual de trabalho** e as **estabilidades provisórias**.

2.1 Sujeitos da relação de emprego

Ao tratarmos sobre a relação de emprego, é importante abordar alguns conceitos relevantes do direito do trabalho, a fim de facilitar a compreensão do assunto.

Vamos iniciar com os conceitos de **empregado** e **empregador**, pois são os **sujeitos** da relação de emprego.

Responda sem titubear: quem é, ou pode ser, o empregado? E quanto ao empregador, pode ele ser qualquer pessoa?

Para ajudar a responder a tais questionamentos, veremos, a seguir, os conceitos legais dos dois institutos, constantes na Consolidação das Leis do Trabalho (CLT) – Decreto-Lei n. 5.452, de 1º de maio de 1943 (Brasil, 1943).

2.1.1 Empregador

Quando define o empregador em seu art. 2º, parágrafo 1º, assim dispõe a CLT:

> Art. 2º Considera-se empregador a empresa, individual ou coletiva, que, assumindo os riscos da atividade econômica, admite, assalaria e dirige a prestação pessoal de serviço.
> § 1º Equiparam-se ao empregador, para os efeitos exclusivos da relação de emprego, os profissionais liberais, as instituições de beneficência, as associações recreativas ou outras instituições sem fins lucrativos, que admitirem trabalhadores como empregados. (Brasil, 1943)

Em suma, qualquer pessoa pode ser empregador – pessoa física ou jurídica, empresa individual ou sociedade, profissionais liberais e qualquer tipo de associação ou instituição, mesmo aquelas que não tenham fins lucrativos.

O empregador, como tal, detém alguns **poderes** dos quais pode fazer uso durante a relação de emprego. Entretanto, ao exercê-los, não pode, é claro, ultrapassar os ditames legais, muito menos prejudicar o empregado em qualquer situação. Vejamos algumas dessas situações.

» **Poder de direção**: o empregador tem a prerrogativa de definir de que maneira quer que o empregado desempenhe o serviço, direcionando-o e dirigindo-o para tal (art. 2º da CLT).

» **Poder de organização**: o empregador organizado tem organogramas funcionais e um regulamento interno, com normas disciplinares e peculiares à empresa, bem como os direitos e os deveres do trabalhador. A empresa pode ser dividida em setores – às vezes, um setor dependendo do outro –, pois a produção é em escala e em série. Assim, exerce esse poder organizando todas as tarefas a serem desenvolvidas por seus funcionários. É, portanto, uma exteriorização do poder de direção, mas o empregador não pode criar normas regulamentares que causem prejuízo ao empregado*.

» **Poder de controle**: se o empregador define de que modo o empregado precisa trabalhar, ele organiza o trabalho e pode, por conseguinte, verificar se tudo está sendo feito conforme o determinado, exercendo seu poder de controle. Em outras palavras, é "o conjunto de prerrogativas dirigidas a propiciar o acompanhamento contínuo da prestação de trabalho e a própria vigilância efetivada ao longo do espaço empresarial interno" (Delgado, 2020, p. 34).

» **Poder disciplinar**: se, mesmo assim, aquilo que foi previamente determinado não estiver sendo cumprido, ele poderá, exercendo seu poder disciplinar, impor certas sanções ao empregado, como mera advertência, suspensão ou até mesmo dispensa por justa causa. "O poder disciplinar age preventiva e repressivamente na manutenção da ordem da empresa e do bom ambiente de trabalho" (Nascimento, 2009, p. 74).

2.1.2 Empregado

Com relação ao empregado, a CLT, em seu art. 3º, parágrafo único, assim dispõe:

---

* Súmula n. 51 do TST:
"I – As cláusulas regulamentares, que revoguem ou alterem vantagens deferidas anteriormente, só atingirão os trabalhadores admitidos após a revogação ou alteração do regulamento." (Brasil, 2005b)

> Art. 3º Considera-se empregado toda pessoa física que prestar serviços de natureza não eventual a empregador, sob a dependência deste e mediante salário.
> Parágrafo único. Não haverá distinções relativas à espécie de emprego e à condição de trabalhador, nem entre o trabalho intelectual, técnico e manual. (Brasil, 1943)

Para reforçar a interpretação legal, citamos o pensamento de Delgado (2020, p. 348): "empregado é toda pessoa natural que contrate, tácita ou expressamente, a prestação de seus serviços a um tomador, a este efetuados com pessoalidade, onerosidade, não eventualidade e subordinação".

Aqui já é possível observar uma peculiaridade: somente pode ser empregada a **pessoa física**, excluindo-se a pessoa jurídica dessa possibilidade.

> *Somente pode ser empregado a pessoa física, excluindo-se a pessoa jurídica dessa possibilidade.*

2.2 Relação de trabalho *versus* relação de emprego

Iniciamos com alguns questionamentos:
» Em toda relação de trabalho está presente a relação de emprego?
» Essas relações são sinônimas?
» É possível entender que toda relação de trabalho é necessariamente uma relação de emprego?

A resposta a todas as indagações é "não", pois nem toda relação de trabalho é necessariamente uma relação de emprego.

Para elucidar tais questões, trazemos o entendimento de Delgado (2020, p. 275):

> *A primeira expressão tem caráter genérico: refere-se a todas as relações jurídicas caracterizadas por terem sua prestação essencial centrada em uma obrigação de fazer consubstanciada em labor humano. Refere-se, pois, a toda modalidade de contratação de trabalho humano modernamente admissível. A expressão relação de trabalho englobaria, desse modo, a relação de emprego, a relação de trabalho autônomo, a relação de trabalho eventual, de trabalho avulso e outras modalidades de pactuação de prestação de labor (como trabalho de estágio etc.).*

Vamos refletir um pouco mais sobre essa questão. A relação de trabalho existe sempre que houver, de um lado, um tomador de serviços e, de outro, um prestador de serviços. Esses sujeitos podem ser pessoas físicas ou jurídicas. Já a **relação de emprego** é uma espécie de relação de trabalho e, para que se caracterize, algo mais é exigido. Consoante ao ensinamento de Costa (2019, p. 31):

> *Toda a vez que for necessário contratar uma pessoa para cumprir ordens e executar tarefas que lhe foram atribuídas, instruindo sobre a forma de realizá-las, exigir cumprimento de horários e seu comparecimento continuamente ao local de trabalho mediante o pagamento denominado salário, numa autêntica relação vivenciada por empregador/empregado, em que um manda e outro executa as ordens, estará estabelecida a relação de emprego (vínculo empregatício) entre empregado e empregador.*

Nesse sentido, a legislação exige o **vínculo empregatício** para que exista uma relação de emprego. Mas o que é esse vínculo empregatício?

Para que o vínculo empregatício se configure, quatro requisitos devem obrigatoriamente estar presentes, os quais descrevemos na sequência.

■ Pessoalidade

A pessoalidade se resume ao fato de que o empregado não se pode fazer substituir por outra pessoa, pois o serviço deve ser prestado por ele mesmo, pessoalmente.

Se outra pessoa desempenhar suas tarefas constantemente, outro vínculo empregatício estará sendo criado.

■ Habitualidade

Os serviços, além de ser prestados habitualmente e de maneira contínua, devem ter natureza não eventual, pois a não eventualidade e a continuidade não são conceitos idênticos. Essa habitualidade já foi motivo de sérias discussões doutrinárias e jurisprudenciais, em virtude, principalmente, do número de dias trabalhados na semana que possa caracterizar a habitualidade. Todavia, com a entrada em vigor da Lei Complementar n. 150, de 1º de junho de 2015, que dispõe sobre o contrato de trabalho doméstico, esse entendimento ficou mais claro, pois, em seu art. 1º, assim determina:

> *Art. 1º Ao empregado doméstico, assim considerado aquele que presta serviços de forma contínua, subordinada, onerosa e pessoal e de finalidade não lucrativa à pessoa ou à família, no âmbito residencial destas, por mais de 2 (dois) dias por semana, aplica-se o disposto nesta Lei.* (Brasil, 2015e)

A jurisprudência do Tribunal Superior do Trabalho (TST) já entendia assim, mesmo sob a égide da Lei n. 5.859/1972, revogada pela lei complementar citada, diferenciando ao mesmo tempo o trabalho prestado para empregador doméstico e não doméstico.

> RECURSO DE REVISTA. VÍNCULO DE EMPREGO. FAXINEIRA. PRESTAÇÃO DE SERVIÇOS DUAS VEZES POR SEMANA A EMPREGADOR DE NATUREZA NÃO DOMÉSTICA. NÃO EVENTUALIDADE CARACTERIZADA. Para fins celetistas, se a prestação de serviços é descontínua, mas permanente, deixa de haver eventualidade. É que a jornada contratual pode ser inferior à jornada legal, inclusive no que concerne aos dias laborados na semana, tal como na presente hipótese, em que é inconteste a prestação de serviços duas ou três vezes por semana, por mais de cinco anos seguidos. Relembre-se que o critério da continuidade/descontinuidade somente se aplica ao doméstico (Lei n. 5.859/72, art. 1º), porém não ao empregado genericamente considerado (art. 3º, *caput*, CLT). Recurso de revista conhecido e provido. (Processo: RR – 1500-79.2012.5.03.0032 Data de Julgamento: 11/06/2014, Relator Ministro: Mauricio Godinho Delgado, 3ª Turma, Data de Publicação: DEJT 13/06/2014). (Brasil, 2014)

Assim, por analogia, quando o trabalhador labutar por mais do que dois dias na semana para o mesmo empregador, independentemente de ser ele doméstico ou não, ficará caracterizada a não eventualidade ou a habitualidade do respectivo contrato de trabalho.

■ Subordinação

A subordinação é genérica, ou seja, o empregado está sob dependência social, econômica, técnica e jurídica do empregador. Assim, o funcionário está hierarquicamente subordinado ao patrão, pois é este quem assume todos os riscos do negócio.

Na visão de Martins (2022, p. 140), *subordinação* é "a obrigação que o empregado tem de cumprir as ordens determinadas pelo empregador em decorrência do contrato de trabalho".

▪ Onerosidade

Se o empregado presta seus serviços, deve ser remunerado? Certamente!

A onerosidade é a contrapartida do empregador, ou seja, o pagamento pelos serviços prestados.

No entanto, naqueles casos em que o empregador deixa de pagar o salário ao empregado, estaria descaracterizada a relação de emprego pela inexistência da onerosidade? Não é bem assim.

A onerosidade se caracteriza pelo pacto firmado, havendo um acordo anterior no qual se estabeleceu a obrigação do empregador em remunerar o empregado pelos serviços prestados. Se o empregador não cumprir com sua obrigação, poderá ser penalizado de outras maneiras, mas o vínculo empregatício não é quebrado por essa falta.

Abreviando, a relação de emprego consiste nas obrigações criadas por meio do contrato individual de trabalho, as quais vinculam o empregado ao empregador.

> *A relação de emprego consiste nas obrigações criadas por meio do contrato individual de trabalho, que vinculam o empregado ao empregador.*

2.3 Contrato individual de trabalho

Vamos, agora, tratar do contrato individual de trabalho, o vínculo que une o empregado ao empregador.

2.3.1 Conceito de contrato individual de trabalho

Contrato individual de trabalho é o acordo, ou pacto, firmado entre os sujeitos da relação de emprego – empregador e empregado –, no qual consta tudo aquilo que ambos decidiram com mútuo consentimento, respeitando-se todas as normas jurídicas.

Esse contrato de trabalho tem forma determinada pela lei? É possível que seja somente por escrito?

Vejamos: segundo o art. 442 da CLT, o contrato individual de trabalho "é o acordo, tácito ou expresso, correspondente à relação de emprego" (Brasil, 1943).

Vamos à interpretação. Em primeiro lugar, com relação ao **acordo expresso**, podemos encontrar duas formas.

A forma **escrita** é a regra, pois a própria CLT, em seu art. 29, determina a obrigatoriedade da anotação na Carteira de Trabalho e Previdência Social (CTPS) do contrato individual de trabalho e de todas as suas alterações, sob pena de sanção administrativa ao empregador.

> *Não sendo o contrato celebrado pela forma expressa escrita, momentaneamente, o empregado não pode usufruir seus direitos, não significando que renunciou a eles, pois está alicerçado no princípio da irrenunciabilidade de direitos.*

A segunda forma expressa é a **verbal**, na qual não há qualquer documento escrito.

E, por fim, há o **ajuste tácito**, que é exatamente o contrário do expresso. Nesse caso, nada foi exteriorizado sobre a relação de emprego por nenhum dos sujeitos – seja pelo empregador, seja pelo empregado. Porém, mesmo assim, verifica-se claramente que a relação está instalada, estando subentendido o vínculo empregatício.

Resumindo toda nossa explanação, aliamo-nos ao entendimento de Delgado (2020, p. 483), que define ***contrato de trabalho*** como "o negócio jurídico expresso ou tácito mediante o qual uma pessoa natural obriga-se perante pessoa natural, jurídica ou ente despersonificado a uma prestação pessoal, não eventual, subordinada e onerosa de serviços".

Esclarecemos que é irrelevante a forma de ajuste do contrato individual de trabalho para que seja válido. O que acontece pontualmente é que, não sendo o contrato celebrado pela forma expressa escrita, momentaneamente, o empregado não pode usufruir seus direitos, não significando que renunciou a eles, pois está alicerçado no princípio da irrenunciabilidade de direitos.

2.3.2 Alterações no contrato individual de trabalho

Pois bem, consideremos que contrato individual de trabalho foi firmado pelas partes, sob uma das formas vistas anteriormente. Assim, a relação de emprego está caracterizada.

Vejamos, agora, as possibilidades de **alteração** desse contrato. É claro que, durante a vigência de todo e qualquer contrato de trabalho, várias alterações podem acontecer.

Perguntas & respostas

As alterações que acontecem no contrato de trabalho são sempre prerrogativas do empregador? Pode o empregado unilateralmente alterar as regras acordadas?

Resposta: A letra do art. 468 da CLT* é bem clara no sentido de proibir qualquer alteração do contrato de trabalho que cause danos ao trabalhador.

---

* "Art. 468. Nos contratos individuais de trabalho só é lícita a alteração das respectivas condições por mútuo consentimento, e ainda assim desde que não resultem, direta ou indiretamente, prejuízos ao empregado, sob pena de nulidade da cláusula infringente desta garantia." (Brasil, 1943)

2.3.3 Alterações no contrato individual de trabalho

No decorrer desta obra, temos afirmado que, em tese, o que nos obriga a fazer ou deixar de fazer alguma coisa é a **lei**. Novamente aqui essa questão aparece.

Quando as alterações no contrato individual de trabalho acontecem **obrigatoriamente**, elas independem da vontade das partes, pois a própria lei é quem as determina.

As partes do contrato simplesmente têm de alterar o contrato firmado entre ambos, sob pena de infringirem norma legal. Neste ponto, como maneira de exemplificar essa discussão, abordaremos sete alterações, sendo elas: alterações voluntárias, promoção, rebaixamento, períodos de descanso, descanso semanal remunerado (DSR), intervalo interjornada e intervalo intrajornada.

■ Alterações voluntárias

As alterações voluntárias dependem das partes, que, em comum acordo, podem alterar o contrato firmado entre ambas, desde que isso não acarrete qualquer prejuízo ao empregado nem afronte a legislação.

É evidente que o empregado não conseguirá unilateralmente alterar o contrato, pois não tem essa prerrogativa. Assim, qualquer mudança que o trabalhador deseje efetuar no contrato deverá ocorrer mediante mútuo consentimento do empregador.

O empregador, por sua vez, tem garantida a possibilidade de alterar o contrato unilateralmente, exercendo seus poderes de direção, de organização, de controle e disciplinar. Porém, voltamos a insistir, desde que não cause perdas ao empregado.

▪ Promoção

Todos concordam que a promoção, como regra, é sempre bem-vinda, pois, mesmo atrelada a mais responsabilidades, normalmente vem revestida de vantagens e benefícios, incluindo-se os financeiros.

Existe também, no caso de promoção, divergência doutrinária no sentido de ser ou não obrigatória sua aceitação pelo empregado quando, na empresa, não existir plano ou quadro organizado de cargos e salários. Caso exista, a recusa do empregado pode gerar sua dispensa até mesmo por justa causa.

▪ Rebaixamento

O ordenamento jurídico proíbe qualquer tipo de rebaixamento, seja direto, seja indireto. São entendidas, nesse particular, aquelas situações em que o empregado continua recebendo a remuneração de função superior – na qual detém responsabilidades de chefia, com pessoal subordinado a ele –, mas é alçado a trabalhar em função distinta, às vezes sozinho, sem maiores responsabilidades. É o chamado *rebaixamento moral*, também vedado.

> *O ordenamento jurídico proíbe qualquer tipo de rebaixamento, seja direto, seja indireto.*

O rebaixamento é sempre encarado com o objetivo de punir o empregado.

Neste ponto, é importante atentar para algumas particularidades que **não** são consideradas rebaixamento:

» **Readaptação**: acontece naquelas situações em que o empregado desenvolve certa função, mas, em razão de um problema – normalmente tendo como causa um acidente ou uma doença –, não consegue mais desenvolvê-la, razão por que seu empregador o readapta em outra função, mantendo, por óbvio, sua remuneração.

» **Substituição temporária**: ocorre quando o empregado exerce temporariamente cargo ou função de confiança, tendo remuneração compatível com esse cargo ou função e, posteriormente, retorna à sua função ou a seu cargo original, conforme determinação do art. 450 da CLT: "Ao empregado chamado a ocupar, em comissão, interinamente, ou em substituição eventual ou temporária, cargo diverso do que exercer na empresa, serão garantidas a contagem do tempo naquele serviço, bem como volta ao cargo anterior" (Brasil, 1943).

» **Destituição do cargo ou função de confiança**: acontece quando o empregado é promovido para cargo ou função de confiança e, posteriormente, é destituído desse cargo. Por mais que seja lesiva ao empregado, essa destituição é tida como lícita, respaldada nos parágrafos 1º e 2º do art. 468 da CLT, inseridos pela Lei n. 13.467, de 13 de julho de 2017 (Brasil, 2017):

> Art. 468. [...]
> § 1º Não se considera alteração unilateral a determinação do empregador para que o respectivo empregado reverta ao cargo efetivo, anteriormente ocupado, deixando o exercício de função de confiança.
> § 2º A alteração de que trata o § 1º deste artigo, com ou sem justo motivo, não assegura ao empregado o direito à manutenção do pagamento da gratificação correspondente, que não será incorporada, independentemente do tempo de exercício da respectiva função. (Brasil, 1943)

■ Períodos de descanso

Durante a vigência do contrato individual de trabalho, além de prestar os serviços, o empregado também tem direito a períodos de descanso, sendo alguns remunerados e outros não, ou seja, respectivamente, trata-se das circunstâncias de interrupção e suspensão do contrato de trabalho. Vamos esclarecer.

Os casos de **interrupção** do contrato de trabalho referem-se a todas aquelas situações em que não há trabalho, mas, mesmo assim, o empregador deve, obrigatoriamente, remunerar o empregado. São os casos de licença-maternidade, licença-paternidade, férias, falecimento do cônjuge, entre outros.

> *Além de prestar os serviços, o empregado também tem direito a períodos de descanso, sendo alguns remunerados e outros não.*

Nas situações de **suspensão**, também não há trabalho, mas o empregador não está obrigado a pagar os salários a seu empregado. São exemplos a suspensão disciplinar propriamente dita, o auxílio-doença após o 15º dia, a licença não remunerada, entre outros.

Descanso semanal remunerado

Hoje, o descanso semanal é pensado no sentido de que, se o obreiro tem direito ao trabalho, deve também descansar e ter direito ao lazer.

Em uma jornada semanal de trabalho, não podendo exceder ao total de 44 horas trabalhadas, o empregado tem o direito de usufruir um dia de descanso – de preferência, aos domingos –, sendo remunerado por seu empregador. É o chamado *descanso semanal remunerado*.

Aqui, são necessárias algumas explicações, pois o DSR ainda é motivo de algumas dúvidas.

Constitucionalmente, vamos encontrar a garantia desse repouso no art. 7º, inciso XV, mas a lei que trata do DSR é a Lei n. 605, de 5 de janeiro de 1949 (Brasil, 1949), ainda em vigor. Dela, podemos depreender que todo empregado tem direito ao repouso de 24 horas consecutivas, preferencialmente aos domingos.

Essa previsão constitucional e legal, acima de tudo, visa à recuperação do trabalhador em face do trabalho, para que física e mentalmente possa "recarregar suas baterias", usufruindo do convívio social e familiar, além do lazer, com o intuito de poder retornar às suas obrigações laborais em perfeita harmonia.

A regra é, pois, que seja aos domingos, mas não necessariamente. Às vezes, a empresa explora alguma atividade que exige – provisória ou permanentemente – que o labor seja realizado aos domingos.

O que fazer nessas situações em que, tanto para o empregador quanto para o empregado, é bom trabalhar, e não descansar?

O empregador, nessas ocasiões, deve fazer escalas de revezamento, destinando dias de folga durante a semana, observando outros requisitos e respeitando, de tempos em tempos, o domingo.

Nesse contexto, mais uma questão pode ser levantada.

Perguntas & respostas

O DSR deve ser concedido ao empregado ainda que ele tenha faltado ao trabalho?

Resposta: A resposta é simples e, para tanto, recorremos à Lei n. 605/1949, que define em seu art. 6º: "Não será devida a remuneração quando, sem motivo justificado, o empregado não tiver trabalhado durante toda a semana anterior, cumprindo integralmente o seu horário de trabalho" (Brasil, 1949).

Assim, se o funcionário faltar **injustificadamente** pelo menos um dia durante a semana, terá descontada – além do dia sem trabalho – a remuneração do repouso.

A lei também é clara no sentido de que é preciso verificar, a cada caso, os limites das exigências técnicas das empresas, bem como a tradição do local com relação a feriados civis e religiosos.

▌ Intervalo interjornada

A CLT, em seu art. 66, determina que o trabalhador deve ter, pelo menos, 11 horas de descanso entre duas jornadas diárias de trabalho.

É o chamado *intervalo interjornada*, em que o empregador não se obriga a remunerar o empregado. Alertamos, porém, que, se o empregador iniciar outra jornada de trabalho em um período menor do que as 11 horas previstas, o trabalhador terá direito a recebê-las como horas extraordinariamente trabalhadas.

▌ Intervalo intrajornada

Trata-se, novamente, de um período de descanso não remunerado. Dentro da mesma jornada (intrajornada), o empregado também precisa de um tempo de repouso para que possa se alimentar ou descansar.

Sabemos que a jornada diária de trabalho não pode ser superior a 8 horas e que pode ser menor do que esse limite. A estipulação de um período de descanso maior ou menor depende do número de horas trabalhadas.

Para jornadas diárias **acima de 6 horas** trabalhadas, o intervalo deve ser de, no mínimo, **1 hora** de descanso, para repouso ou alimentação, não excedendo a 2 horas, salvo acordo ou convenção coletivos de trabalho.

> Uma novidade trazida pela Lei n. 13.467/2017 é a de que, por meio de acordo ou convenção coletivos de trabalho, esse intervalo intrajornada poderá ser reduzido, chegando ao limite de 30 minutos (Brasil, 2017).

Já para as jornadas que **não ultrapassem as 6 horas**, mas que excedam a 4 horas labutadas, o intervalo a ser concedido será de **15 minutos**.

Se tais intervalos não forem concedidos, o empregador se obrigará a remunerar seu empregado além do período trabalhado, com um acréscimo de 50% sobre o valor da hora normal, relativo apenas ao período suprimido.

São essas as disposições da CLT em seu art. 71 e parágrafos. De acordo com o parágrafo 5º, o intervalo intrajornada poderá ser reduzido e/ou fracionado e o intrajornada poderá ser fracionado "quando compreendidos entre o término da primeira hora trabalhada e o início da última hora trabalhada, desde que previsto em convenção ou acordo coletivo de trabalho" (Brasil, 1943).

2.3.4 Causas de extinção do contrato individual de trabalho

O contrato individual de trabalho, por vários motivos, pode ser encerrado.

Nos contratos a termo, ou com prazo de duração determinado, o próprio decurso do prazo enseja seu término.

Outra possibilidade de **extinção** é o desaparecimento de um dos sujeitos da relação laboral: por morte, pelo desaparecimento propriamente dito ou no caso de ser o empregador uma pessoa jurídica.

De resto, e cremos ser esta a razão, a maioria das rescisões acontece por iniciativa do empregador ou do empregado. Aqui, é bom lembrarmos do princípio da continuidade da relação de emprego, pois ele já estabelece, como regra, que o prazo de duração do contrato de trabalho é **indeterminado**.

Vamos, assim, tratar das rescisões por iniciativa do empregado e do empregador.

■ Por iniciativa do empregado

O **pedido de demissão** é o mais comum quando se trata da extinção por parte do empregado.

Alguns detalhes devem ser analisados pelo empregado quando essa situação ocorrer. Ele deve dar o **aviso-prévio** ao empregador e estará impossibilitado de levantar os valores depositados em sua conta vinculada ao Fundo de Garantia do Tempo de Serviço (FGTS).

Para melhor elucidação, apresentamos o entendimento de Nascimento (2014, p. 1.129, grifo do original):

> *O vínculo de emprego extingue-se por iniciativa do empregado com o **pedido de demissão**, caso em que não terá direito de movimentar nessa oportunidade os depósitos do FGTS, que serão transferidos para a agência bancária com a qual o seu novo empregador operar. O empregado que pede demissão deve dar aviso prévio ao empregador e, se não o fizer, perde o direito aos salários do respectivo período, podendo o empregador reter o saldo de salário para se compensar.*

Ressaltamos que o saldo da conta de FGTS do empregado ficará depositado, sendo corrigido mensalmente, rendendo juros e à sua disposição para quando puder ser movimentado, na forma da lei.

E o caso de **aposentadoria espontânea**? Também pode automaticamente rescindir o contrato de trabalho? Várias discussões já aconteceram nessa seara, principalmente porque o empregador encontrava nessa situação uma boa possibilidade de extinguir o contrato de trabalho sem ônus da multa do FGTS.

> *Se o empregador se aproveitar da aposentadoria espontânea do empregado para demiti-lo, tal dispensa será arbitrária, sendo penalizado com as sanções.*

O entendimento jurisprudencial e doutrinário, porém, já se consolidou no sentido de que a aposentadoria espontânea pode ser motivo de rescisão de contrato a pedido do empregado, como em qualquer outra fase em que se encontrar a relação de emprego.

Se o empregador se aproveitar da aposentadoria espontânea do empregado para demiti-lo, tal dispensa será **arbitrária**, sendo **penalizado** com as sanções já estudadas. É o que orienta o TST, por meio da Orientação Jurisprudencial (OJ) n. 361:

> OJ-361. APOSENTADORIA ESPONTÂNEA. UNICIDADE DO CONTRATO DE TRABALHO. MULTA DE 40% DO FGTS SOBRE TODO O PERÍODO (DJ 20, 21 e 23.05.2008)
> A aposentadoria espontânea não é causa de extinção do contrato de trabalho se o empregado permanece prestando serviços ao empregador após a jubilação. Assim, por ocasião da sua dispensa imotivada, o empregado tem direito à multa de 40% do FGTS sobre a totalidade dos depósitos efetuados no curso do pacto laboral. (Brasil, 2008c)

■ Por iniciativa do empregador

A dispensa do empregado pode ocorrer por motivo justo ou de maneira arbitrária, também chamada *imotivada*.

Quando acontecer de forma imotivada, o empregador estará sujeito às penalidades legais, especialmente aquelas incidentes nos depósitos de FGTS.

Mas como poderia a rescisão contratual acontecer por "motivo justo"?

A própria CLT comanda genericamente, em seu art. 482, as situações em que o empregador pode determinar a extinção da relação laboral, em virtude de falta grave do empregado, assim como faz referência ao assunto em outras passagens, quando trata especialmente de algumas profissões.

Em caráter elucidativo, explicaremos algumas dessas situações.

O **ato de improbidade**, tratado na alínea "a" do citado artigo, caracteriza-se como toda conduta desonesta praticada pelo empregado, como furto, roubo, adulteração de equipamentos ou documentos, seja por má-fé, seja por abuso de confiança.

Na **condenação criminal**, constante na alínea "d" do art. 482, é importante destacarmos que esta somente se concretiza após o trânsito em julgado da decisão, quando nenhum recurso mais for possível.

Com relação à **embriaguez habitual** em serviço – encontrada na alínea "f" –, cremos que cabe, além de uma explicação maior, uma ponderação, acompanhada de uma sugestão.

Primeiramente, a embriaguez deve ser habitual, e não eventual, ou seja, deve ficar comprovado que o empregado se tornou alcoolista ou consumidor de psicotrópicos, e essa constatação obrigatoriamente deve ser feita pela avaliação de um profissional médico.

A ponderação e a sugestão aparecem justamente aqui porque, em qualquer das situações, o entendimento jurisprudencial orienta no sentido de que a embriaguez contínua é considerada doença, e não um fato caracterizador de dispensa por justa causa. Portanto, antes de ser dispensado, o trabalhador deve ser tratado, clínica e psicologicamente.

Por fim, menciona-se, na alínea "i", o **abandono de emprego**. Na ausência de um comando legal mais preciso, a jurisprudência do TST tem entendido que a falta injustificada ao serviço por mais de 30 dias faz presumir o abandono de emprego:

> Súmula n. 32 do TST
> ABANDONO DE EMPREGO (nova redação) – Res. 121/2003, DJ 19, 20 e 21.11.2003
> Presume-se o abandono de emprego se o trabalhador não retornar ao serviço no prazo de 30 (trinta) dias após a cessação do benefício previdenciário nem justificar o motivo de não o fazer. (Brasil, 2003a)

É bem possível que outras atitudes do empregado possam sugerir o abandono, como o exemplo encontrado em praticamente todas as obras sobre o assunto e também em Delgado (2020, p. 1.142): "é o que verificaria, ilustrativamente, com a comprovação de que o obreiro ingressou em novo emprego, em horário incompatível com o do antigo contrato".

Chamadas pela doutrina de ***figuras de justa causa***, as faltas graves do empregado podem estar configuradas também em outros diplomas legais.

Diante disso, é possível perguntar: somente o empregado é quem pode cometer faltas graves, motivadoras da rescisão do contrato? O empregador pode propiciar motivos tão fortes, ensejadores da ruptura do contrato de trabalho por justa causa? É o que vamos ver a seguir: a chamada *dispensa* ou *rescisão indireta*.

▌ Dispensa indireta

Trata-se da possibilidade de um empregado exigir a rescisão do contrato de trabalho, pois seu empregador é quem deu causa, por motivo justo. Também aqui a CLT apresenta um rol de possibilidades em seu art. 483, entre as quais destacamos aquelas situações em que:

» forem exigidos serviços superiores às forças do empregado ou proibidos por lei e mesmo aqueles que contrariem os bons costumes ou que sejam diferentes dos contratados;

- » o empregado for tratado com rigor excessivo diretamente pelo empregador ou por seus superiores hierárquicos;
- » o empregado estiver correndo manifestamente perigo de mal considerável;
- » o empregador descumprir as obrigações do contrato;
- » o empregador ou seus representantes praticarem, ao empregado ou a pessoas de sua família, ato lesivo contra a honra e a boa fama;
- » houver ofensa física ao empregado, por parte do empregador ou de seus representantes, excetuando-se os casos de legítima defesa;
- » houver a redução de trabalho, sendo esta por peça ou tarefa, de forma que afete significativamente sua remuneração.

Dependendo da situação, o empregado pode suspender a prestação dos serviços ou rescindir o contrato, além de requerer as indenizações pertinentes.

E como fazer se o empregado encontra-se em alguma dessas situações? Simplesmente chegar ao seu empregador e solicitar a rescisão? Parece realmente simplória essa decisão, porém, na prática, não acontece assim. Isso porque praticamente nenhum empregador admitirá essas condutas, obrigando o empregado a requerer a dispensa indireta nos órgãos competentes.

Por acordo, a Lei n. 13.467/2017 inovou ao inserir o art. 484-A na CLT, prevendo também como possibilidade de extinção do contrato individual de trabalho o acordo entre as partes, talvez até mesmo para regulamentar situação já praticada nas relações trabalhistas.

> Art. 484-A. O contrato de trabalho poderá ser extinto por acordo entre empregado e empregador, caso em que serão devidas as seguintes verbas trabalhistas:
> I – por metade:
> a) o aviso prévio, se indenizado; e
> b) a indenização sobre o saldo do Fundo de Garantia do Tempo de Serviço, prevista no § 1º do art. 18 da Lei nº 8.036, de 11 de maio de 1990;
> II – na integralidade, as demais verbas trabalhistas.
> § 1º A extinção do contrato prevista no *caput* deste artigo permite a movimentação da conta vinculada do trabalhador no Fundo de Garantia do Tempo de Serviço na forma do inciso I-A do art. 20 da Lei nº 8.036, de 11 de maio de 1990, limitada até 80% (oitenta por cento) do valor dos depósitos.
> § 2º A extinção do contrato por acordo prevista no *caput* deste artigo não autoriza o ingresso no Programa de Seguro-Desemprego. (Brasil, 1943)

Ressaltamos que, se assim acontecer a extinção do contrato individual de trabalho, o empregado não terá direito ao seguro-desemprego e receberá somente 50% (cinquenta por cento) do aviso-prévio indenizado e da multa indenizatória do FGTS.

2.4 Estabilidade provisória

A legislação garante a estabilidade provisória no emprego ao trabalhador que se encontre em determinadas situações, impedindo o empregador de dispensá-lo arbitrariamente. Essa possibilidade existe nos casos de **justo motivo** ou de **força maior**.

Vamos, agora, analisar algumas dessas garantias.

2.4.1 Gestante

A mulher trabalhadora também tem garantida a estabilidade laboral quando estiver em estado gravídico. A Constituição Federal (CF) de 1988 (Brasil, 1988), no art. 10, inciso II, alínea "b" do Ato das Disposições Constitucionais Transitórias (ADCT), confere à empregada gestante a estabilidade provisória, desde a confirmação da gravidez até cinco meses após o parto.

Vários problemas já surgiram quanto à caracterização do momento em que começa a estabilidade da gestante: se a partir da data da gravidez propriamente dita ou da data de sua confirmação pelo médico, que pode acontecer na mesma semana, em até três meses ou ainda da data da comunicação da gravidez à empresa.

O entendimento jurisprudencial, hoje, já é majoritário no sentido de que a data da confirmação da gravidez é a da própria concepção, definida por laudo médico.

Consequentemente, é possível encontrar inúmeros casos de dispensa arbitrária, com posterior reintegração ou pagamento de indenização, em virtude do desconhecimento do estado gravídico da funcionária por parte do empregador e, às vezes, até dela mesma.

A situação do empregador se agravou quando da edição, pelo egrégio TST, da Súmula n. 244. Além de garantir à empregada grávida o recebimento de indenização pela dispensa arbitrária, por desconhecimento de seu estado pelo empregador, essa súmula assegurou estabilidade provisória, mesmo nas hipóteses de contrato a termo ou por prazo determinado, como é o caso do contrato de experiência (Brasil, 2012).

Reforçando o entendimento da jurisprudência, o legislador alterou a CLT, incluindo o art. 391-A, que define essa estabilidade:

> Art. 391-A. A confirmação do estado de gravidez advindo no curso do contrato de trabalho, ainda que durante o prazo do aviso prévio trabalhado ou indenizado, garante à empregada gestante a estabilidade provisória prevista na alínea b do inciso II do art. 10 do Ato das Disposições Constitucionais Transitórias. (Brasil, 1943)

Dessa forma, se a confirmação da gravidez ocorrer no período do aviso-prévio trabalhado ou indenizado, mesmo que a concepção tenha acontecido após a data de comunicação do aviso-prévio, a trabalhadora terá direito à estabilidade.

É importante ressaltar que a **estabilidade provisória** da gestante não se confunde com **salário-maternidade**, pois são dois períodos e situações distintas, mas que apresentam a mesma causa. O salário-maternidade deve ser recebido por um prazo de 120 dias, ao passo que o tempo de estabilidade provisória se prolonga até cinco meses após o parto.

> *Se a confirmação da gravidez ocorrer no período do aviso-prévio trabalhado ou indenizado, mesmo que a concepção tenha acontecido após a data de comunicação do aviso-prévio, a trabalhadora terá direito à estabilidade.*

Também terá a mesma estabilidade provisória a trabalhadora que, mesmo não estando grávida, adotar ou obtiver guarda judicial para fins de **adoção** de criança ou adolescente, garantida pelo art. 392-A da CLT.

Nesse caso, a estabilidade provisória novamente vem atrelada à concessão da licença-maternidade, mas será de cinco meses a partir da data da adoção ou da guarda.

Os arts. 392-B e 392-C da CLT asseguram os mesmos direitos ao cônjuge ou companheiro da genitora quando esta faltar, bem como diretamente quando o homem for o adotante:

> Art. 392-B. Em caso de morte da genitora, é assegurado ao cônjuge ou companheiro empregado o gozo de licença por todo o período da licença-maternidade ou pelo tempo restante a que teria direito a mãe, exceto no caso de falecimento do filho ou de seu abandono.
> Art. 392-C. Aplica-se, no que couber, o disposto no art. 392-A e 392-B ao empregado que adotar ou obtiver guarda judicial para fins de adoção. (Brasil, 1943)

Portanto, tal estabilidade é assegurada tanto à mulher quanto ao homem.

2.4.2 Comissão Interna de Prevenção de Acidentes

A CLT prevê, em seus arts. 162 a 165, a obrigatoriedade do empregador em instituir a Comissão Interna de Prevenção de Acidentes (Cipa), de acordo com as instruções emanadas pelo Ministério do Trabalho e Previdência (MTP), que foi extinto em 1º de janeiro de 2019 e transformado em secretaria especial do Ministério da Economia. O MTP editou outrora, e atualizou algumas vezes, a Norma Regulamentadora n. 5 (NR 5), regulamentando a criação da referida comissão e determinando, em seu Anexo I, que as empresas com número igual ou superior a 20 funcionários estão obrigadas a instituí-la (Guia Trabalhista, 2020).

Pois bem, os componentes eleitos dessa comissão interna, chamados de *cipeiros*, gozam de estabilidade provisória desde o registro de sua candidatura **até um ano** depois do término de seu mandato, prevista no item 5.4.12 da NR 5: "É vedada a dispensa arbitrária ou sem justa causa do empregado eleito para cargo de direção da CIPA desde o registro de sua candidatura até um ano após o final de seu mandato" (Guia Trabalhista, 2020).

Salientamos que é possível a reeleição para os membros da Cipa.

Perguntas & respostas

O funcionário devidamente eleito para cargo na Cipa de sua empresa goza de alguma garantia quanto à dispensa arbitrária por parte de seu empregador?
Resposta: Sim. Desde o registro de sua candidatura até um ano após o final de seu mandato. Se não for reeleito, tem garantida legalmente a estabilidade para os casos de dispensa sem justa causa.

2.4.3 Dirigente sindical

Trata-se de mais uma estabilidade para aqueles que querem trabalhar não só para si, mas também para todo um grupo ou uma categoria.

O dirigente sindical é o membro de determinada categoria que foi eleito para desempenhar funções sindicais. Sua estabilidade começa já com o registro de sua candidatura e é prorrogada em **até um ano** após o término de seu mandato, de acordo com o art. 543, parágrafo 3º, da CLT: "Fica vedada a dispensa do empregado sindicalizado ou associado, a partir do momento do registro de sua candidatura a cargo de direção ou representação de entidade sindical ou de associação profissional, até 1 (um) ano após o final do seu mandato" (Brasil, 1943). Da mesma maneira, torna-se estável o suplente de cargo eletivo, mas ressaltamos que, em qualquer caso, a estabilidade não se aplica quando do cometimento de **falta grave**.

2.4.4 Acidente de trabalho

Inicialmente, vamos esclarecer o que a legislação entende como *acidente de trabalho*.

A Lei n. 8.213, de 24 de julho de 1991 (Brasil, 1991), considera, em seu art. 19, que *acidente de trabalho* é aquele que ocorre no exercício do labor e que provoque lesão corporal ou qualquer perturbação funcional causadora da morte do empregado ou da perda ou, pelo menos, da redução de sua condição laboral, permanente ou temporária.

Em seguida, em seu art. 20, a referida lei equipara ao acidente de trabalho as doenças profissionais e as doenças do trabalho, respectivamente, aquelas contraídas pela particularidade de determinada atividade e as adquiridas em razão do desempenho de dadas funções em condições especiais de trabalho, todas devidamente elencadas em rol elaborado pelo MTP.

Nesse sentido, o trabalhador pode ficar afastado de seu trabalho em virtude de acidente sofrido ou de doença adquirida e, nesse período, deve receber algum benefício previdenciário.

Recebendo ou não o benefício previdenciário, após sua volta – ou seja, quando for considerado apto ao labor –, o empregado terá também garantida certa estabilidade, não podendo seu empregador dispensá-lo, em atendimento ao ditame do art. 118 da Lei n. 8.213/1991: "O segurado que sofreu acidente do trabalho tem garantida, pelo prazo mínimo de **doze meses**, a manutenção do seu contrato de trabalho na empresa, após a cessação do auxílio-doença acidentário, independentemente de percepção de auxílio-acidente" (Brasil, 1991, grifo nosso).

Esclarecemos que outras estabilidades provisórias podem ser encontradas na legislação esparsa, bem como em convenções ou acordos coletivos de trabalho.

2.5 Sistema de compensação de horas

O sistema de compensação de horas é também chamado de *banco de horas*.

A jornada normal e diária de trabalho não pode, como regra, exceder a 8 horas trabalhadas. Entretanto, quando ultrapassar esse limite, o trabalhador terá o direito de receber, além das horas normais, um acréscimo pelo trabalho extraordinariamente efetuado.

A legislação abre, porém, uma exceção a essa obrigatoriedade de pagamento ao instituir o sistema de compensação de horas, desde que seja determinado por meio de negociação coletiva. É o que está disposto no parágrafo 2º do art. 59 da CLT:

> Art. 59. [...]
> [...]
> § 2º Poderá ser dispensado o acréscimo de salário se, por força de acordo ou convenção coletiva de trabalho, o excesso de horas em um dia for compensado pela correspondente diminuição em outro dia, de maneira que não exceda, no período máximo de um ano, à soma das jornadas semanais de trabalho previstas, nem seja ultrapassado o limite máximo de dez horas diárias. (Brasil, 1943)

Ressaltamos que, ainda que esteja legalmente constituído, é prerrogativa do empregador dispensar o empregado para que este deixe de trabalhar em algumas horas, compensando, assim, aquelas já trabalhadas além das normais. Contudo, em **regra**, deve fazê-lo no período máximo de um ano, contados da hora extraordinariamente labutada, pois, se ultrapassar esse limite de tempo, será obrigado a remunerar o empregador como hora extra trabalhada. Isso também acontece nos casos de rescisão do contrato de trabalho em que as horas trabalhadas a mais não tenham sido compensadas.

Uma novidade trazida pela Lei n. 13.467/2017, e como **exceção**, é a possibilidade de que o pacto para a compensação de horas possa ser firmado por acordo individual escrito, desde que a compensação ocorra no período máximo de seis meses. Caso a compensação ocorra dentro do mesmo mês, o acordo individual pode ser considerado tácito.

Perguntas & respostas

A jornada diária de trabalho prevista constitucionalmente é aquela que deve ser labutada pelo trabalhador durante o máximo de 8 horas por dia. Quando, eventualmente, o trabalho tiver de ser desenvolvido após esse número máximo de horas, o empregador deverá, como regra, remunerar o empregado com o adicional de horas extras, mas também há a possibilidade de compensar as horas trabalhadas a mais por outras de descanso em outro dia. Isso ocorre em qual condição?
Resposta: Essa situação é possível desde que tenha sido acordada anteriormente, a compensação não ultrapasse em 2 horas por dia a jornada diária e aconteça dentro de um ano. É o sistema de compensação de horas, admitido pela CF de 1988 e regulamentado pela CLT, que prevê, em seu art. 59, que, mediante acordo ou convenção coletivos de trabalho, as horas eventualmente trabalhadas após a jornada diária, no máximo de 2 horas por dia, podem ser compensadas em outro dia, desde que essa compensação não ultrapasse o período de um ano.

Alguns trabalhadores dispõem de tutelas especiais no trabalho que os diferenciam dos demais, como é o caso da mulher em relação ao homem. Vejamos algumas dessas peculiaridades do trabalho da mulher a seguir.

2.6 Trabalho da mulher

Os direitos sociais e trabalhistas foram e estão sendo conquistados de maneira lenta e gradativa, "mas em todos os sistemas jurídicos, a mulher merece tratamento particular, asseguradas condições mínimas de trabalho, diferentes e mais vantajosas daquelas estabelecidas aos homens" (Nascimento, 2012, p. 198). Isso ocorre especialmente com relação aos **direitos da mulher**, cujas conquistas manifestam-se ainda mais lentamente, sendo, no início, assegurados alguns direitos sociais, mas nenhum relacionado ao trabalho.

O espaço da mulher foi galgado paulatinamente, em um percurso repleto de severas proibições. Em algumas situações, era necessária a autorização do marido para que ela pudesse desempenhar determinada função; em outras, a legislação impunha tantas regras aos empregadores de mulheres, no sentido de "protegê-las", que inviabilizavam sua contratação.

O problema é que, não raras vezes, a proteção veio com a proibição. Em tempos não tão distantes, por exemplo, encontramos a proibição de as mulheres labutarem no período noturno e nas atividades perigosas ou insalubres. Hoje, a CF de 1988 procura contemplar a igualdade entre homens e mulheres, especialmente em sede laboral, não sendo possível qualquer discriminação nesse sentido.

Todavia, o diploma constitucional vai mais além do que apenas garantir essa igualdade, determinando, em seu art. 7º, inciso XX*, a abertura do espaço no **mercado de trabalho** para a mulher e impondo que a lei crie incentivos para que isso ocorra.

Não há uma lei especial para assegurar e proteger o mercado de trabalho da mulher, mas existem vários dispositivos que assim se

---

* "Art. 7º [...] XX – proteção do mercado de trabalho da mulher, mediante incentivos específicos, nos termos da lei; [...]." (Brasil, 1988)

comportam, como é o caso da remuneração da licença-maternidade. Mesmo esta sendo paga de imediato pelo empregador, ele pode ser reembolsado indiretamente pelo Estado e não terá ônus maior do que a ausência do trabalho pela empregada.

Em outras palavras, é obrigação constitucional a promoção do trabalho da mulher, igualando-a ao homem em todos os níveis, desde o acesso ao trabalho, passando pelas mesmas condições de aprendizagem e capacitação, até a concorrência para os cargos de confiança e chefia. Não deve existir nenhum tipo de proibição, e sim o reforço de proteções, principalmente quanto aos aspectos biológico e psicológico.

A CLT destina capítulo exclusivo à proteção do trabalho da mulher, determinando, no art. 372 e seguintes, algumas vedações que impeçam ou dificultem seu acesso ao trabalho, assim como várias outras proteções e garantias, como a duração da jornada normal de trabalho e a determinação de períodos de descanso.

Contudo, ainda que garantidas as mesmas condições laborais do homem, a mulher encontra vários problemas no trabalho, especialmente com relação aos assédios moral e sexual. Mesmo as vítimas não sendo exclusivamente do sexo feminino, é a mulher quem mais tem sofrido essas violências.

2.7 Assédio moral e assédio sexual

É certo que, no ambiente de trabalho, muitas situações desagradáveis podem acontecer, algumas com peso muito pequeno, sendo até irrelevantes. Outras, porém, são capazes de afetar o lado emocional, psíquico e moral, especialmente do empregado, que é a parte mais frágil da relação de emprego. Estamos falando dos assédios no ambiente de trabalho.

É bem verdade que as situações tratadas hoje como **assédio** ou **violência moral e sexual** acontecem no ambiente de trabalho há tempos, mas apenas recentemente ganharam uma conotação mais peculiar.

Comentamos que os direitos trabalhistas foram conquistados de maneira lenta e gradativa. É também o caso da legislação que assegura ao trabalhador que ninguém, muito menos seu empregador, pode tratá-lo com desrespeito, com atitudes que ofendam sua moral, sua honra ou que possam abalar sua saúde física ou mental, como se fossem objeto de sua vontade.

É importante que, de um lado, o trabalhador, homem ou mulher, tenha consciência sobre o que podem ser tais violências e, de outro, que aquele que pratique ou queira praticá-las também saiba que suas ações podem ser penalizadas de maneira mais severa. A partir daí, o próprio ambiente de trabalho ficará mais tranquilo e sadio, razão pela qual entendemos como salutar diferenciar esses tipos de agressão.

2.7.1 Assédio moral

Não é raro o empregado estar descontente com seu trabalho em virtude de várias situações, às vezes até com relação ao tratamento dado por seu empregador, que não o cumprimenta todos os dias, não sorri, exige pontualidade, entre outros aspectos. Esses casos que acabamos de citar, porém, são inerentes ao trabalho, mesmo que sejam desgostosas para o empregado. Outras situações pontuais podem ser igualmente indesejáveis, mas não são habituais e não chegam a constituir qualquer tipo de assédio.

Destacamos as situações que ocorrem entre empregador e empregado, por serem estas as mais comuns e que dão azo ao assédio moral. Porém, pode ocorrer esse tipo de agressão entre quaisquer pessoas, inclusive entre colegas de trabalho.

No entender de Barros (2017, p. 1.304),

> *Hoje é sabido que esse comportamento ocorre não só entre chefes e subordinados, mas também o contrário, e mesmo entre colegas de trabalho, com vários objetivos, entre eles o de forçar a demissão da vítima, o seu pedido de aposentadoria precoce, uma licença para tratamento de saúde, uma remoção ou transferência.*

Quando o trabalhador fica, durante seu labor – habitual ou repetidamente, mas com a intenção de prejudicar sua dignidade, sua integridade física ou mental –, exposto a circunstâncias que o constranjam, que o humilhem, pode estar sendo vítima do assédio moral.

São várias as situações de **constrangimento** que podem caracterizar a violência moral, compreendendo desde exigências contínuas de trabalhos desnecessários, mas tratados como urgentes, sobrecargas de afazeres, instruções dúbias ou confusas, até ameaças, insultos, revistas pessoais e vexatórias e isolamento, fazendo com que o empregado perca totalmente a vontade de continuar a trabalhar naquele local. O obreiro, às vezes, por não poder optar por sair, tem de suportar as condições impostas que o rebaixam moralmente e o ridicularizam.

> *Quando o trabalhador fica, durante seu labor, exposto a circunstâncias que o constranjam, que o humilhem, pode estar sendo vítima do assédio moral.*

Sobre essa situação, assim já decidiu o egrégio TST:

> **RECURSO DE REVISTA – ASSÉDIO MORAL – CONFIGURAÇÃO**
> O Eg. TRT concluiu pela ocorrência de assédio moral, entendendo que a Reclamante fora submetida a situações constrangedoras e excessivas quanto ao atingimento de metas, com cobranças patronais feitas de maneira desarrazoada, dentro da sistemática da empresa, e utilização de palavras de baixo calão nas reuniões diárias que realizava, ofendendo a honra da trabalhadora. A alteração do julgado implicaria o revolvimento do conjunto fático-probatório, vedado nesta instância, nos termos da Súmula nº 126. [...] Recurso de Revista não conhecido. (TST – RR: 11655420135090001. Data de Julgamento: 04/03/2015, Data de Publicação: DEJT 06/03/2015). (Brasil, 2015h)

Se for vítima dessa violência, o empregado pode buscar a rescisão indireta de seu contrato de trabalho, sem prejuízo de indenização pelos danos sofridos.

2.7.2 Assédio sexual

O assédio sexual configura-se de forma um pouco diferente do assédio moral, pois a abordagem aqui ocorre com outro intuito, e o caso é tratado pela legislação como **crime**. Consoante o disposto no art. 216-A do Decreto-Lei n. 2.848, de 7 de dezembro de 1940 (Código Penal), trata-se de "Constranger alguém com o intuito de obter vantagem ou favorecimento sexual, prevalecendo-se o agente da sua condição de superior hierárquico ou ascendência inerentes ao exercício de emprego, cargo ou função" (Brasil, 1940).

Fica mais evidente, nesse caso, que o empregado sofre essa violência em razão de sua posição hierárquica inferior à de quem a pratica, que justamente se aproveita dessa condição para tentar violentar sua vítima.

Além de denunciar o crime praticado em seu desfavor, o empregado pode pleitear a dispensa indireta, sem prejuízo de indenização pelos danos sofridos.

Nesse sentido é o entendimento do egrégio Tribunal Regional do Trabalho (TRT) da 2ª Região:

> DANO MORAL. ASSÉDIO SEXUAL. CONVITE REJEITADO SEGUIDO DE DESPEDIDA. Comprovado nos autos o assédio sexual por testemunha conduzida pela reclamante sem contraprova que pudesse ter produzido a reclamada, ter sido convidada para sair à noite, no posto de trabalho, por preposto da empresa, responsável por conduzi-la ao local em que prestaria seus serviços e fiscalizar-lhe as tarefas realizadas, sob alegação de que se recusando seria dispensada, tendo se negado e, no dia seguinte, após esse preposto ter brigado com a autora, sido dispensada pelo supervisor. Faz jus à indenização por danos morais em razão do assédio perpetrado por superior hierárquico, constrangendo a autora porque detinha o poder de manter íntegro o pacto laboral, o poder de lhe possibilitar prosseguir trabalhando e percebendo salários, dos quais necessitava para fazer frente às suas despesas. Recurso provido. (TRT-2 – RECORD: 1715200504702005 SP 01715-2005-047-02-00-5, Relator: Sônia Aparecida Gindro, Data de Julgamento: 25/05/2010, 10ª TURMA, Data de Publicação: 07/06/2010). (Brasil, 2010a)

Esclarecemos que tanto a mulher quanto o homem podem ser vítimas do assédio sexual, e aquele que praticou o assédio pode responder nas esferas trabalhista, cível e criminal.

Síntese

Neste capítulo, tratamos da relação de emprego, sendo esta formada entre o empregado e o empregador pelo vínculo empregatício, com seus requisitos característicos.

Analisamos também os conceitos legais de empregado e de empregador e o contrato individual de trabalho.

Detalhamos as formas com que o contrato de trabalho pode ser ajustado e, em seguida, apresentamos as situações em que ele pode ser alterado, bem como as causas de sua extinção.

Abordamos, ainda, as circunstâncias nas quais não há trabalho, considerando que, em algumas delas, o empregado deve ser remunerado (como em suas férias), e em outras, não (como nos intervalos intra e interjornadas).

Examinamos algumas situações de estabilidade provisória no trabalho, quando a legislação assegura que o empregado não será dispensado arbitrariamente durante determinado período.

Além disso, discorremos sobre o sistema de compensação de horas, batizado, muitas vezes, de *banco de horas*. Também transitamos pelo trabalho da mulher, para afirmar que o ordenamento jurídico e, em particular, a CF de 1988 a colocam em pé de igualdade com o homem em todos os níveis.

Por fim, comentamos sobre a distinção entre assédio moral e assédio sexual.

Questões para revisão

1) A pessoa jurídica pode ser sujeito da relação de trabalho na condição de empregado?

2) No sistema de compensação de horas, qual é o prazo máximo que o empregador tem para compensar as horas trabalhadas a mais em um dia por outras trabalhadas a menos em outro dia, a fim de que não se transformem em horas extras?

3) Como regra, a relação de emprego é firmada por prazo indeterminado. Mesmo assim, várias são as causas de extinção do contrato individual de trabalho, entre elas as figuras de justa causa. Quando o empregado não dá causa à extinção do contrato, sendo dispensado arbitrariamente por seu empregador, a CF de 1988, em seu art. 7º, inciso I, garante ao trabalhador:
   a. pelo princípio da continuidade da relação de emprego, uma indenização compensatória a ser paga pelo Estado.
   b. o levantamento do saldo dos depósitos efetuados em suas contas vinculadas no FGTS.
   c. o seguro-desemprego, que será pago em até cinco parcelas, cada uma delas no valor correspondente ao último salário que recebia antes da extinção do contrato de trabalho.
   d. encaminhamento, pelo Cartão do Cidadão, para programas sociais nos quais terá a possibilidade de aprender novos ofícios até que seja reaproveitado pelo mercado de trabalho.
   e. pelo princípio da continuidade da relação de emprego, uma indenização compensatória a ser paga pelo empregador.

4) Na relação de emprego, várias violências podem acontecer, especialmente no que se refere ao empregado, que é a parte mais fraca da relação. Entre essas violências está o assédio moral, que se caracteriza:
   a. quando o empregador impõe sanções disciplinares pelo desleixo do empregado em cumprir com suas obrigações.
   b. quando o empregado é exposto a situações vexatórias, humilhantes e constrangedoras.

c. quando o empregador deixa de cumprir com suas obrigações como empresário, principalmente o não pagamento dos salários em dia.
d. quando a atitude do empregador está relacionada a algum crime previsto na legislação.
e. quando o empregador ou os superiores hierárquicos tratam o empregado de maneira rígida, cobrando-lhe seu desempenho profissional de acordo com o regimento interno e com a legislação.

5) O ordenamento jurídico nacional garante ao empregado vários períodos de estabilidade provisória, dependendo da situação em que se encontre. Com relação a essas estabilidades no emprego, quando o empregador não pode dispensar o empregado arbitrariamente, é possível afirmar que é vedada a dispensa:

a. do empregado candidato a dirigente sindical a partir do registro de sua candidatura, permanecendo proibida, mesmo não sendo eleito, por um período de um ano após o final do mandato.
b. sem justa causa da empregada gestante, desde a confirmação de sua gravidez até cinco meses após o parto.
c. sem justa causa ou arbitrária do empregado eleito para cargo de direção das Cipas, somente durante o prazo de seu mandato.
d. sem justa causa do empregado acidentado no período de seis meses, contados da cessação do auxílio-doença previdenciário.
e. do empregado eleito dirigente sindical a partir do registro de sua candidatura, permanecendo proibida somente até o final de seu mandato.

Questões para reflexão

1) É possível afirmar que a estabilidade do dirigente sindical é mais um ônus para o empregador? Por quê?
2) O assédio moral e o assédio sexual são práticas ainda comuns no ambiente de trabalho?

Para saber mais

Consulte as obras indicadas a seguir para ampliar suas pesquisas sobre o tema deste capítulo.
BARROS, A. M. de. **Curso de direito do trabalho**. 11. ed. São Paulo: LTr, 2017.
MARTINS, S. P. **Direito do trabalho**. 38. ed. São Paulo: Atlas, 2022.

Consultando a legislação

Conheça o inteiro teor das legislações abordadas neste capítulo.
BRASIL. Decreto-Lei n. 2.848, de 7 de dezembro de 1940. **Diário Oficial da União**, Poder Executivo, Rio de Janeiro, 31 dez. 1940. Disponível em: <http://www.planalto.gov.br/ccivil_03/decreto-lei/del2848.htm>. Acesso em: 14 set. 2022.
BRASIL. Lei n. 605, de 5 de janeiro de 1949. **Diário Oficial da União**, Poder Legislativo, Rio de Janeiro, 14 jan. 1949. Disponível em: <http://www.planalto.gov.br/ccivil_03/leis/l0605.htm>. Acesso em: 14 set. 2022.
BRASIL. Lei n. 8.213, de 24 de julho de 1991. **Diário Oficial da União**, Poder Legislativo, Brasília, DF, 25 jul. 1991. Disponível em: <http://www.planalto.gov.br/ccivil_03/leis/l8213cons.htm>. Acesso em: 14 set. 2022.

III

Relação coletiva de trabalho

Conteúdos do capítulo:

- » Autonomia e liberdade sindical.
- » Organização sindical.
- » Negociações coletivas.
- » Greve.

Após o estudo deste capítulo, você será capaz de:

1. compreender a autonomia de associação do empregado e do empregador junto a entidades de classe;
2. apontar as funções e os objetivos de uma entidade sindical;
3. diferenciar convenção de acordo coletivo de trabalho;
4. investigar o grande conflito que pode existir entre os grupos de empregados e empregadores: a greve.

A cada dia, as relações coletivas de trabalho ganham mais espaço nos meios trabalhistas, pois são entendidas como primordiais para assegurar às categorias envolvidas uma melhora em seus relacionamentos.

A legislação garante a todos os empregados e empregadores a livre associação em suas entidades representativas, possibilitando, dessa forma, que, unidos, ganhem mais força em suas negociações.

3.1 Autonomia e liberdade sindical

As garantias trabalhistas previstas na Constituição Federal (CF) de 1988 (Brasil, 1988) alcançam também a esfera coletiva e incluem a liberdade de associação, tanto para o empregado quanto para o empregador.

Ao lado do direito coletivo está mais um direito individual, o de **livre associação**, que assegura ao empregado o ingresso em sua entidade representativa de classe.

O *caput* do art. 8º determina que é livre a associação profissional ou sindical – relativa ao empregado ou às categorias profissionais. Contudo, a liberdade de associação é também dada à classe econômica (ou seja, dos empregadores), como veremos a seguir. Mas como é exercida essa liberdade?

Primeiramente, já no inciso I do art. 8º, o ditame constitucional se posiciona no sentido de assegurar a abertura de qualquer sindicato sem necessidade de autorização do Estado. É claro que se refere à autorização especial, pois deve, como qualquer

> *As garantias trabalhistas previstas na Constituição Federal de 1988 alcançam também a esfera coletiva e incluem a liberdade de associação tanto para o empregado quanto para o empregador.*

outra associação, ter o registro de seus atos, incluindo-se os constitutivos, devidamente registrados no órgão competente, dando publicidade sobre aquilo que faz à sociedade de maneira geral.

O mesmo inciso veda categoricamente a interferência e a intervenção do Poder Público nas entidades sindicais. Aqui, deixamos claro que, como em qualquer outra situação, existe a condição de que tais entidades estejam atuando conforme os parâmetros legais.

> Dessa forma, o Poder Público não pode criar qualquer obstáculo para que seja constituída uma entidade que represente determinada categoria profissional ou econômica nem fazer qualquer tipo de ingerência em sua gestão, desde que esteja atuando na legalidade.

Logo na sequência, o art. 8º apresenta, em seu inciso V, a determinação de que ninguém deve ser obrigado a se filiar ou a se manter filiado a qualquer sindicato.

Surgem as primeiras indagações, às vezes preocupantes: Se o empregado não for associado a seu sindicato, terá os mesmos direitos dos associados? E, sendo associado, perderá seus direitos após sua saída? São situações distintas e que devem ser analisadas para que haja a devida compreensão.

As **negociações coletivas** são efetuadas com o objetivo de determinar melhores condições de trabalho para as categorias envolvidas. Com relação à classe de trabalhadores, tudo o que for decidido nas negociações coletivas será incorporado a todos os contratos individuais de trabalho – porém, se um ou outro trabalhador já estiver em situação melhor, permanecerá como está, sem incorporação da decisão coletiva.

Trata-se de *categoria*, portanto, *grupos de trabalhadores*. Isso independe, consequentemente, de associação à entidade de classe.

Da mesma maneira, se for associado e posteriormente se desfiliar, o empregado perderá os direitos atinentes tão somente à associação. Dessa forma, perderá os benefícios que o sindicato só oferece a seus associados, ou seja, àqueles que pagam mensalidade e contribuições a fim de usufruí-los, como em qualquer outra associação. Quanto aos demais direitos laborais que a entidade representativa possa conseguir nas negociações coletivas, o empregado não perderá sua titularidade, pois independem de associação.

> *As negociações coletivas são efetuadas com o objetivo de determinar melhores condições de trabalho para as categorias envolvidas.*

Assim como é livre a associação nas entidades de classe, o participante de determinada categoria pode ingressar no quadro de seu sindicato, permanecendo nele ou saindo quando desejar.

Aquele que participa diretamente de seu sindicato tem privilégios em relação aos não participantes – assim como ocorre em toda e qualquer associação que beneficia seus associados. Até mesmo o aposentado tem o direito de continuar filiado, podendo votar e ser votado nas organizações sindicais.

Cada entidade de classe, em qualquer nível, deve ser comandada por integrantes daquela classe. Os dirigentes devem ser escolhidos em chapas compostas por vários cargos, desde o candidato a presidente até os suplentes, em eleições especialmente convocadas para esse fim.

E o empregado eleito como dirigente sindical? Ele perde o vínculo empregatício com seu empregador? Quem paga seu salário?

O Decreto-Lei n. 5.452, de 1º de maio de 1943 (Consolidação das Leis do Trabalho – CLT) (Brasil, 1943), determina, em seu art. 543, que o empregado eleito para cargo de administração ou de representação profissional não pode ser impedido de exercer suas funções, muito menos ser transferido para local que lhe seja impossibilitado ou mesmo que dificulte seu desempenho como tal. É claro que, se a transferência for por ele solicitada ou mesmo aceita, perderá o mandato.

O parágrafo 2º do mesmo artigo define *licença não remunerada* como o tempo em que o empregado com funções sindicais precisa se ausentar do trabalho para desempenhar suas obrigações. É um caso típico de suspensão do contrato de trabalho, no qual há paralisação do trabalho, e o empregador não está obrigado a remunerar o empregado. No entanto, a segunda parte do parágrafo 2º do art. 543 estabelece que, salvo assentimento da empresa ou cláusula contratual que disponha de maneira distinta, o empregador deve remunerar o empregado. Em outras palavras, se o empregador consentir, ou se houver alguma cláusula contratual que determine o contrário, o empregado receberá seu salário normalmente, mesmo não prestando serviços. Ele continuará, portanto, mantendo o vínculo empregatício com seu empregador, que terá a obrigação de remunerá-lo, mesmo que não execute suas atividades diretamente, pois estará a serviço da classe, continuando com os mesmos direitos, devendo retornar posteriormente.

Existem, assim, três possibilidades: (1) o empregador o remunera integralmente, (2) o sindicato o remunera integralmente ou (3) ambos remuneram parte do salário do empregado com funções sindicais, para que ele não tenha prejuízo algum.

Ao dirigente sindical, mesmo se for suplente, é garantida a estabilidade desde o registro de sua candidatura até um ano após o mandato.

3.2 Organização sindical

As garantias trabalhistas previstas na CF de 1988 também alcançam a esfera coletiva. Mas o que é um sindicato? Para que é criado?

Nascimento (2014, p. 1.302) elucida: "Sindicato é uma organização social constituída para, segundo um princípio de autonomia privada coletiva, defender interesses trabalhistas e econômicos nas relações coletivas entre os grupos sociais".

Deparamo-nos com mais uma vitória conseguida pelos trabalhadores e – já há muito tempo – alargada também ao empregador. A voz é mais bem ouvida quando não é solitária. Um trabalhador sozinho tem, quando muito, o poder de barganha relativo a seu contrato individual de trabalho. No entanto, ele faz parte de uma categoria, de uma classe de trabalhadores, que, se desunidos fossem, em princípio, cada um teria de defender os próprios interesses, ficando à mercê do empregador. Aliás, foi assim durante um bom tempo na história.

A partir do momento em que os trabalhadores tiveram o direito a se associar, criando uma entidade composta por membros da mesma categoria, com objetivos exatamente iguais e falando a mesma língua, conseguiram inúmeras vitórias, abarcando todos os integrantes.

Atualmente, essas entidades de classe apresentam funções variadas. De imediato, a CF de 1988 informa que é obrigação dos sindicatos a defesa dos direitos e interesses coletivos ou individuais da categoria – defesa que pode acontecer nas esferas judiciais ou administrativas. As demais funções podem ser encontradas especialmente na CLT, que define os deveres do sindicato em seu art. 514.

> *A CF de 1988 informa que é obrigação dos sindicatos a defesa dos direitos e interesses coletivos ou individuais da categoria – defesa que pode acontecer nas esferas judiciais ou administrativas.*

Nesse sentido, a função principal do sindicato é a **defesa da classe**. Atreladas a essa grande função, outras aparecem para complementá-la.

A função **negocial** é evidenciada claramente nas negociações coletivas, pois é o momento em que a classe de trabalhadores e a classe econômica conferem a suas entidades representativas o poder de ajustar as melhores condições de trabalho ou de remuneração entre si.

Tal ajuste é extensivo a toda a categoria, independentemente de associação. Relembramos que a CF de 1988 reconhece as convenções e os acordos coletivos de trabalho em seu art. 7º, inciso XXVI.

Outra função que também tem pertinência é a **assistencial**: os sindicatos são obrigados a prestar os serviços mais variados, relacionados à educação, à saúde, à assistência social e jurídica, à criação de cooperativas – até mesmo de crédito –, entre outros, diretamente ou por meio de convênios múltiplos, inclusive com o Poder Público.

Entre as funções do sindicato, ainda encontramos a de **arrecadação**, que dá o direito à entidade de cobrar da categoria os valores necessários para que possa, acima de tudo, representá-las mais condignamente e também para lhe proporcionar uma assistência mais eficaz. Mas se a defesa dos interesses de toda a categoria é encargo do sindicato, podem ser criados tantos sindicatos quantos os interessados quiserem?

Voltamos à abordagem que já fizemos anteriormente acerca de que "mais forte" será e "mais poder" de negociação terá aquele que, unido com seus pares, falar e reivindicar os **mesmos direitos**. Se os trabalhadores se reunirem em associação legalmente constituída para esse fim, terão esse respaldo, pois assim estarão fortalecidos.

Pensando ainda em **união**, não seria prejudicial que essas associações se fragmentassem? Não seria uma divisão de forças – tanto para uma quanto para outra categoria – profissional ou econômica?

Com base nisso, a CF de 1988 determinou a vedação da criação de mais de uma organização sindical, de qualquer grau, que represente a mesma categoria dentro da mesma base territorial, não podendo ser esta inferior à área de um município. É a aplicação do **princípio da unicidade sindical** – ou do sindicato único –, já abordado em nosso estudo.

Quando a CF de 1988 fala em "qualquer grau", também surge certa dúvida, que esclarecemos. A legislação subdivide as associações sindicais em sindicatos, federações e confederações, criando um verdadeiro sistema, cada um com suas tarefas específicas, mas todos voltados para o mesmo interesse comum: o melhor para aquela(s) classe(s) que representam.

As **federações** podem ser criadas a partir de um número mínimo de cinco sindicatos que representem a maioria absoluta de um grupo de atividades ou profissões idênticas, similares ou conexas, sendo facultado aos sindicatos sua instituição. Em princípio, as federações devem ser criadas no âmbito de cada estado-membro, mas podem englobar mais de um estado ou atuar em nível nacional.

Já as **confederações** podem ser criadas quando três ou mais federações assim o decidirem. A sede deve estar, obrigatoriamente, na capital da República.

As federações e as confederações são denominadas *associação sindical em grau superior.*

E como sobrevivem as entidades de classe?

Já comentamos sobre a função de arrecadação que as associações também apresentam. Agora vamos procurar dirimir outra grande dúvida que paira em relação à **obrigatoriedade** das contribuições dos membros da categoria aos seus sindicatos.

Vários tipos de contribuição são criados pelos ou para os sindicatos, entre eles a sindical, a assistencial e a confederativa. Quem se obriga a pagá-las? Todos aqueles que fazem parte da categoria ou somente os associados? Comecemos com as previsões constitucionais.

O inciso IV do art. 8º da CF de 1988 assim define:

> Art. 8° [...]
> [...]
> IV – a assembleia geral fixará a contribuição que, em se tratando de categoria profissional, será descontada em folha, para custeio do sistema confederativo da representação sindical respectiva, independentemente da contribuição prevista em lei; [...]. (Brasil, 1988)

Na análise do inciso em comento, podemos entender que pelo menos duas contribuições estão em debate. Salientamos que todas essas contribuições cabem tanto para a categoria profissional quanto para a econômica.

A **contribuição confederativa** deverá ser criada pela assembleia geral, justamente para custear todo o sistema.

É pacífico em toda a jurisprudência dos Tribunais Regionais do Trabalho (TRTs), bem como no Tribunal Superior do Trabalho (TST), que a contribuição confederativa, desde que instituída por convenções coletivas de trabalho, é devida, mas tão somente para aqueles que são regularmente associados às suas entidades de classe. Quanto a isso, não existem discussões. De acordo com o Precedente Normativo (PN) n. 119 do TST:

> A Constituição da República, em seus artigos 5°, XX e 8°, V, assegura o direito de livre associação e sindicalização.
> É ofensiva a essa modalidade de liberdade cláusula constante de acordo, convenção coletiva ou sentença normativa estabelecendo contribuição em favor de entidade sindical a título de taxa para custeio do sistema confederativo, assistencial, revigoramento ou fortalecimento sindical e outras da mesma espécie, obrigando trabalhadores não sindicalizados. Sendo nulas as estipulações que inobservem tal restrição, tornam-se passíveis de devolução os valores irregularmente descontados. (Brasil, 1998c)

A **contribuição assistencial**, por sua vez, é também chamada de *taxa assistencial* ou de *taxa de reversão*. Assim como a contribuição confederativa, ela deve ser criada por meio das negociações coletivas. Tem como fato gerador a participação do sindicato nessas negociações, para assim poder cobrir custos adicionais eventualmente contraídos.

Nesse caso, por mais que o sindicato tenha participado de negociações que serão aproveitadas por toda a classe – pois a CF de 1988 determina que é obrigatória a participação dos sindicatos nas negociações coletivas de trabalho –, pela interpretação do mesmo PN, essa contribuição é entendida como não obrigatória para os não associados.

Agora, vejamos a parte final do inciso IV do art. 8º da Lei Maior: "independentemente da contribuição prevista em lei" (Brasil, 1988). Quando a previsão constitucional chama a atenção para a contribuição prevista em lei, está se referindo à **contribuição sindical** propriamente dita.

A legislação em questão é o Decreto-Lei n. 5.452/1943 (CLT), que assim define em seu art. 579:

> Art. 579. O desconto da contribuição sindical está condicionado à autorização prévia e expressa dos que participarem de uma determinada categoria econômica ou profissional, ou de uma profissão liberal, em favor do sindicato representativo da mesma categoria ou profissão ou, inexistindo este, na conformidade do disposto no art. 591 desta Consolidação. (Brasil, 1943)

É importante atentarmos à alteração implementada pela Lei n. 13.467, de 14 de julho de 2017 (Brasil, 2017). Com a mudança de redação desse dispositivo, qualquer contribuição, incluindo a sindical, a ser paga pelo empregado ou pelo empregador à sua entidade sindical somente será devida mediante **autorização prévia e expressa**.

Essa contribuição deve ser paga uma vez por ano e corresponde a um dia de salário, no caso do empregado, descontando o empregador diretamente na folha de pagamento no mês de março de cada ano. No caso dos trabalhadores autônomos ou dos profissionais liberais, corresponde a um valor determinado por lei.

No caso da categoria econômica, o valor da contribuição é calculado em razão do capital social de cada empresa.

Ainda que já reconhecidos e consolidados há várias décadas e com bons exemplos de que são base forte e robusta para o atendimento das pretensões das categorias, os sindicatos, no Brasil, ainda estão "engatinhando".

Em virtude dessa compreensão, em alguns países onde as organizações sindicais são encaradas com maior apreço e valor, elas determinam e autorizam cláusulas em suas convenções pelas quais obrigam o empregador a não admitir trabalhador que não seja sindicalizado (denominadas de *closed shop*) ou mesmo a demiti-lo caso saia do respectivo sindicato (chamadas de *union shop*).

3.3 Negociações coletivas

As negociações coletivas abrangem tudo aquilo que é efetivado entre as entidades representativas dos empregados e dos empregadores com o intuito de determinar as condições de trabalho pertinentes às categorias envolvidas e, uma vez ajustadas, vinculam **todos** os participantes.

De acordo com Barros (2017, p. 1325),

> *na negociação coletiva, nenhum interesse de classe deverá prevalecer sobre o interesse público, não podendo, entretanto, ser transacionados preceitos que resguardam a saúde do obreiro, como os relativos à higiene e segurança do trabalho, e também os que se referem à integridade moral, situando-se aqui o direito à honra, à intimidade, à boa fama, à privacidade.*

As determinações acordadas nas negociações coletivas têm o poder de **normatizar** toda a relação entre os grupos e incidem diretamente em **todos** os contratos individuais de trabalho, exceto aqueles que já contemplares melhores condições.

Delgado (2020, p. 1277) enaltece a negociação coletiva, afirmando:

> *A importância da negociação coletiva trabalhista transcende o próprio Direito do Trabalho. A experiência histórica dos principais países ocidentais demonstrou, desde o século XIX, que uma diversificada e atuante dinâmica de negociação coletiva no cenário das relações laborativas sempre influenciou, positivamente, a estruturação mais democrática do conjunto social.*

A Lei n. 13.467/2017 incluiu o art. 611-A na CLT, dando maior força às negociações coletivas. Ela determina que essas negociações terão prevalência à lei, nas situações ali elencadas.

> Art. 611-A. A convenção coletiva e o acordo coletivo de trabalho, observados os incisos III e VI do *caput* do art. 8º da Constituição, têm prevalência sobre a lei quando, entre outros, dispuserem sobre
> I – pacto quanto à jornada de trabalho, observados os limites constitucionais;
> II – banco de horas anual;

III – intervalo intrajornada, respeitado o limite mínimo de trinta minutos para jornadas superiores a seis horas;
IV – adesão ao Programa Seguro-Emprego (PSE), de que trata a Lei no 13.189, de 19 de novembro de 2015;
V – plano de cargos, salários e funções compatíveis com a condição pessoal do empregado, bem como identificação dos cargos que se enquadram como funções de confiança;
VI – regulamento empresarial;
VII – representante dos trabalhadores no local de trabalho;
VIII – teletrabalho, regime de sobreaviso, e trabalho intermitente;
IX – remuneração por produtividade, incluídas as gorjetas percebidas pelo empregado, e remuneração por desempenho individual;
X – modalidade de registro de jornada de trabalho;
XI – troca do dia de feriado;
XII – enquadramento do grau de insalubridade;
XIII – prorrogação de jornada em ambientes insalubres, sem licença prévia das autoridades competentes do Ministério do Trabalho;
XIV – prêmios de incentivo em bens ou serviços, eventualmente concedidos em programas de incentivo;
XV – participação nos lucros ou resultados da empresa.
§ 1º No exame da convenção coletiva ou do acordo coletivo de trabalho, a Justiça do Trabalho observará o disposto no § 3º do art. 8º desta Consolidação.
§ 2º A inexistência de expressa indicação de contrapartidas recíprocas em convenção coletiva ou acordo coletivo de trabalho não ensejará sua nulidade por não caracterizar um vício do negócio jurídico.

> § 3º Se for pactuada cláusula que reduza o salário ou a jornada, a convenção coletiva ou o acordo coletivo de trabalho deverão prever a proteção dos empregados contra dispensa imotivada durante o prazo de vigência do instrumento coletivo.
> § 4º Na hipótese de procedência de ação anulatória de cláusula de convenção coletiva ou de acordo coletivo de trabalho, quando houver a cláusula compensatória, esta deverá ser igualmente anulada, sem repetição do indébito.
> § 5º Os sindicatos subscritores de convenção coletiva ou de acordo coletivo de trabalho deverão participar, como litisconsortes necessários, em ação individual ou coletiva, que tenha como objeto a anulação de cláusulas desses instrumentos. (Brasil, 2017)

A CLT, em seu art. 611, trata de duas formas de normas coletivas, que podem ser formuladas ao término da negociação coletiva: convenção coletiva e o acordo coletivo de trabalho.

3.3.1 Convenção coletiva de trabalho

O Decreto-Lei n. 5.452/1943 define a *convenção coletiva de trabalho*, no *caput* de seu art. 611, como "o acordo de caráter normativo, pelo qual dois ou mais sindicatos representativos de categorias econômicas e profissionais estipulam condições de trabalho aplicáveis, no âmbito das respectivas representações, às relações individuais de trabalho".

No entender de Carrion (2022), a convenção coletiva prevê direitos e obrigações para os contratos individuais em vigor ou que venham a ser celebrados. Como se diz, é mais uma "lei" do que um "contrato".

Vemos, pois, uma das particularidades da convenção coletiva: após uma negociação coletiva entre as entidades representativas de ambas as categorias – a profissional e a econômica –, define-se, por meio da convenção, tudo aquilo que deverá integrar todos os contratos individuais de trabalho relativos à classe que representam. Isso vale tanto para os que estejam em vigor até aquele momento quanto para aqueles que vierem a ser celebrados.

3.3.2 Acordo coletivo de trabalho

A CLT, no parágrafo 1º do art. 611, faculta às entidades da classe representativa dos empregados a possibilidade de firmarem acordos coletivos com uma ou mais empresas da correspondente categoria econômica, para que possam estipular condições de trabalho que digam respeito somente a essas empresas e a seus empregados.

Esclarecemos que não existe hierarquia entre a convenção coletiva e o acordo coletivo, sendo normas **distintas**. A primeira é mais abrangente, pois regula as condições de trabalho de toda uma categoria; e o segundo é mais restrito, regulando somente as condições atinentes aos trabalhadores de determinada(s) empresa(s) e seu(s) empregador(es).

3.4 Greve

Em toda e qualquer relação, conflitos podem acontecer. Em um contrato individual de trabalho, surgem algumas situações conflituosas, e o empregado e o empregador têm de encontrar a melhor solução.

Na esfera da relação coletiva do trabalho, isso não é diferente. Há vários tipos de conflitos, colocando os grupos em polvorosa. Esses conflitos normalmente acontecem quando não se conseguiu chegar a um denominador comum. Uma classe reivindica alguma condição que a outra não admite.

Considerada o maior conflito existente entre os grupos, a greve já passou historicamente por vários patamares. No princípio, era considerada atividade criminosa, depois era antissocial e, gradativamente, foi sendo descriminalizada.

Modernamente, a greve é encarada como **direito** a ser exercido. Garantida aos trabalhadores pela CF de 1988, está devidamente regulamentada pela Lei n. 7.783, de 28 de junho de 1989 (Brasil, 1989). Mas qualquer trabalhador pode exercer esse direito? Será que empregados de determinada empresa podem, sozinhos, entrar em greve?

Para que esse direito seja exercido, alguns requisitos se apresentam. Inicialmente, lembramos que se trata de relação **coletiva**, o que significa que tudo aqui se refere exclusivamente ao direito dos grupos, das classes.

É também salutar explicarmos como é o procedimento da greve para que não seja *ab initio*, ou seja, "desde o início", considerada ilegal.

Quando certa categoria de trabalhadores está descontente com alguma situação relacionada ao ambiente de trabalho – seja quanto às condições de trabalho, seja no que se refere a reivindicações salariais –, o caminho é a tentativa de negociação. Ela acontece diretamente na maioria das vezes, e tudo que é ali decidido se transforma em acordo ou convenção coletiva de trabalho.

Mas e quando assim não acontece? O que deve ser feito? Resta aos trabalhadores entrar em greve. E o que é a greve?

A lei regulamentadora define *greve*, em seu art. 2º, como "a suspensão coletiva, temporária e pacífica, total ou parcial, de prestação pessoal de serviços a empregador". Contudo, a doutrina prefere melhorar essa conceituação para que não exista dúvida. É o caso de

Delgado (2020, p. 1.341), que conceitua *greve* como "a paralisação coletiva provisória, parcial ou total, das atividades dos trabalhadores em face de seus empregadores ou tomadores de serviços, com o objetivo de exercer-lhes pressão, visando à defesa ou conquista de interesses coletivos, ou com objetivos sociais mais amplos".

Trata-se, enfim, de uma **paralisação temporária** dos serviços que tem como objetivo a busca dos interesses dos trabalhadores, devidamente autorizada pela lei, a qual determina sua formalização.

O primeiro requisito para que a greve possa acontecer é chamado por alguns autores de *fase preliminar*. É a **tentativa de conciliação**. É o momento primeiro e obrigatório, para que os grupos possam adequar seus anseios. Não se chegando a um consenso, passa-se para uma nova fase.

Uma **assembleia geral dos trabalhadores** deve ser convocada pelo sindicato com a finalidade específica de decidir ou não pela greve. Tudo o que ali for acordado deve ter embasamento legal, para que a classe não sofra outras consequências. Se a opção for pela greve, uma **comissão** deve ser constituída para tratar especificamente desses interesses, mesmo que extrapole a esfera administrativa, chegando até o Poder Judiciário.

O empregador também não pode ser "pego de surpresa". Ele tem o direito de saber bem antes sobre uma paralisação, e essa comunicação deve ser dada com uma antecedência mínima de **48 horas** para os serviços entendidos como *normais* e de pelo menos **72 horas** para os serviços considerados *essenciais*.

> *Greve é uma paralisação temporária dos serviços que tem como objetivo a busca dos interesses dos trabalhadores, devidamente autorizada pela lei, a qual determina sua formalização.*

Nas atividades essenciais, todos os envolvidos – empregadores, empregados e seus sindicatos – ficam obrigados, por meio de mútuo acordo, a garantir, no período de greve, a prestação dos serviços indispensáveis e inadiáveis à população de maneira geral. Não sendo possível, o próprio Poder Público assim deverá fazê-lo.

Consideram-se *atividades essenciais* aquelas que não podem parar, pois sua descontinuidade pode colocar em perigo a vida, a saúde ou a segurança das pessoas. Como exemplos, citamos: o serviço médico e hospitalar, o abastecimento de água, a produção e a distribuição de energia elétrica, gás e combustíveis, entre outras que o próprio bom senso indica.

Aos grevistas são dadas certas garantias, atreladas a determinadas proibições. Eles podem tentar convencer os demais trabalhadores a aderir ao movimento, desde que, para isso, sejam adotados meios pacíficos, sem pressão alguma, pois nenhum empregado pode ser coagido a participar. Não podem, por exemplo, em qualquer hipótese, proibir o acesso ao trabalho daqueles que não quiserem aderir ao movimento.

A greve pode estender-se por vários dias e, mesmo que o sindicato tenha certa reserva para sustentar o movimento grevista, pode arrecadar fundos a fim de que os grevistas possam suportar mais tranquilamente os dias de reivindicações.

Outra garantia aos grevistas é a proibição à empresa de forçar, por qualquer meio, o empregado a comparecer ao trabalho, bem como a de rescindir o contrato de emprego no período de greve, desde que esta esteja ocorrendo sem abusos. Além disso, se o empregador não pode demitir, também não pode contratar substitutos.

E quanto aos salários e às demais obrigações que o empregado deixou de cumprir? A legislação determina que as demais situações devam ser decididas por meio de acordo com o empregador. Recomenda o bom senso que sempre se busque um meio termo, com o objetivo de que nenhuma das partes tenha mais prejuízos do que os que já suportou.

Síntese

Neste capítulo, abordamos a relação coletiva de trabalho.

Esclarecemos que é livre a associação tanto do empregado quanto do empregador a suas entidades representativas, mas, independentemente dessa associação, tudo o que for conseguido para a categoria por meio de seus sindicatos também trará benefícios àquele que não for associado.

Tratamos da conceituação de sindicato, indicando seus objetivos e suas funções, principalmente quando da defesa dos interesses da categoria representada, que normalmente ocorre nas negociações coletivas.

Quanto às negociações coletivas, diferenciamos a convenção coletiva do acordo coletivo, a fim de elucidar a compreensão de ambos os conceitos.

Por fim, analisamos a greve, que é o maior conflito que pode existir entre os grupos de empregados e empregadores, representados por suas entidades de classe, apresentando seu conceito e seus requisitos.

Questões para revisão

1) Quantos sindicatos são necessários para que uma federação seja criada?

2) Certo empregado aderiu à greve organizada pelo sindicato de sua categoria, em conformidade com os parâmetros legais. Seu empregador, revoltado, dispensou-o por justa causa, alegando que o fato de ter aderido à greve poderia ser considerado falta grave. Diante dessa situação hipotética, assinale a alternativa correta:

a. A simples adesão à greve não pode ser considerada falta grave.
b. A adesão à greve justifica um motivo de suspensão do empregado, mas não um fundamento imediato para a aplicação da justa causa.
c. A atitude de aderir à greve e de não comparecer ao trabalho é compatível com o abandono de emprego.
d. O empregado praticou ato de insubordinação ao aderir à greve, justificando a dispensa por justa causa.
e. Nos casos de greve, é prerrogativa do empregador dispensar ou não o empregado.

3) As negociações coletivas no âmbito da relação laboral foram garantidas na CF de 1988, reconhecendo-se o acordo e a convenção coletivos de trabalho. Tendo em vista que ambos pertencem ao gênero "negociação coletiva", é possível afirmar que, respectivamente, constituem:

a. a negociação entre os sindicatos representativos da classe patronal e profissional e a negociação entre um empregador e o sindicato profissional.
b. a negociação entre um ou mais empregadores com uma comissão de empregados e a negociação pelos sindicatos representativos das duas categorias.
c. negociações com o objetivo de melhorar as condições de trabalho do obreiro que, para ter validade, devem ser homologadas pelo Poder Judiciário.
d. a negociação entre um ou mais empregadores com o sindicato profissional e a negociação pelos sindicatos representativos das duas categorias.
e. negociações sempre entre os sindicatos representativos das duas classes, diferenciando-se apenas em virtude da matéria de que cada uma delas trata.

4) A greve, em nosso ordenamento jurídico, já foi considerada crime, mas, depois de várias conquistas, hoje é entendida como direito. Sobre a greve, é correto afirmar:
   a. A assembleia sindical convocada especialmente com essa pauta é soberana para decidir sobre a paralisação, não necessitando de outros requisitos.
   b. Será considerada sempre legal, desde que decidida em assembleia geral e comunicada ao sindicato patronal com antecedência de 24 horas, independentemente da atividade profissional.
   c. Nunca será considerada legal se não for requerida junto ao Poder Judiciário, com antecedência mínima de 24 horas antes da paralisação.
   d. Para as atividades essenciais, o aviso-prévio a ser dado ao empregador deverá ser, no mínimo, de 72 horas de antecedência à paralisação.
   e. Poderá ser considerada legal se atender a, pelo menos, alguns requisitos, entre eles a tentativa de conciliação, a assembleia geral e o aviso-prévio.

5) A contribuição sindical – que, no caso da categoria profissional, é correspondente a um dia de remuneração do empregado por ano, sendo descontada diretamente pelo empregador na folha de pagamento de seus empregados no mês de março de cada ano – é obrigatória para aqueles que não são associados ao sindicato? Justifique sua resposta.

Questões para reflexão

1) A greve é um mecanismo necessário para as conquistas do trabalhador? Em que contexto?

2) É possível afirmar que o sindicalismo no Brasil está consolidado como instrumento de defesa dos interesses dos grupos de empregados e de empregadores? Por quê?

Para saber mais

Consulte as obras indicadas a seguir para compreender um pouco mais os assuntos tratados neste capítulo.

BARROS, A. M. de. **Curso de direito do trabalho**. 11. ed. São Paulo: LTr, 2017.

CARRION, V. **Comentários à Consolidação das Leis do Trabalho**: legislação complementar/jurisprudência. 46. ed. São Paulo: Saraiva, 2022.

DELGADO, M. G. **Curso de direito do trabalho**. 19. ed. São Paulo: LTr, 2020.

NASCIMENTO, A. M. **Curso de direito do trabalho**. 29. ed. São Paulo: Saraiva, 2014.

Consultando a legislação

Conheça o inteiro teor das legislações abordadas neste capítulo.

BRASIL. Constituição (1988). **Diário Oficial da União**, Brasília, DF, 5 out. 1988. Disponível em: <http://www.planalto.gov.br/ccivil_03/Constituicao/Constituicao.htm>. Acesso em: 15 set. 2022.

BRASIL. Decreto-Lei n. 5.452, de 1º de maio de 1943. **Diário Oficial da União**, Poder Executivo, Rio de Janeiro, 9 ago. 1943. Disponível em: <http://www.planalto.gov.br/ccivil_03/decreto-lei/del5452.htm>. Acesso em: 15 set. 2022.

BRASIL. Lei n. 7.783, de 28 de junho de 1989. **Diário Oficial da União**, Poder Legislativo, Brasília, DF, 29 jun. 1989. Disponível em: <http://www.planalto.gov.br/ccivil_03/leis/l7783.htm>. Acesso em: 15 set. 2022.

rotinas trabalhistas – parte dois

IV

Departamento de pessoal

Conteúdos do capítulo:

» Setor de admissão.
» Setor de compensação.
» Setor de desligamento.

Após o estudo deste capítulo, você será capaz de:

1. apontar cada um dos setores que compõem o departamento de pessoal;
2. compreender as tarefas imprescindíveis do departamento de pessoal, desde o recrutamento até o desligamento do empregado;
3. identificar os documentos obrigatórios para a admissão do empregado e aqueles que não podem ser exigidos.

Para iniciarmos esta parte do livro, reservamos um capítulo específico para o departamento de pessoal, em virtude da importância de tal setor para o bom funcionamento das relações trabalhistas. Procuraremos, então, demonstrar quais as funções dessa área, destacando suas principais tarefas.

4.1 Conceito de departamento de pessoal

O que é departamento de pessoal? Aquele que admite e demite? E quando a empresa não conta com esse departamento, o que acontece?

É bem verdade que todas as empresas deveriam ter seu próprio departamento pessoal – ou de pessoal –, também chamado de *departamento de recursos humanos* (RH). Nas grandes corporações, o setor de pessoal é parte dele. Entretanto, infelizmente, isso não acontece em parte considerável das organizações, especialmente microempresas e algumas pequenas empresas, até por contenção de custos.

Nesses casos, as empresas fazem um acordo com o profissional contábil que as atende para que ele desenvolva as atividades que o setor específico deveria fazer. Há situações em que o próprio empresário é quem faz as entrevistas e as seleções.

Com o mesmo pensamento, Oliveira (2018, p. 3) se posiciona:

> *As grandes empresas têm seu departamento de recrutamento e seleção, onde trabalham psicólogos, entrevistadores, aplicadores de testes psicotécnicos etc. Esses profissionais cuidarão das etapas seguintes.*

A pequena e a média empresas precisam adotar meios, pois não têm um departamento específico para esse trabalho. Geralmente, o candidato, ao ser admitido, é entrevistado pelo responsável de recursos humanos e pelo superior imediato da área em que trabalhará.

É certo, também, que o departamento de pessoal é indispensável para qualquer empresa, pois faz parte de um **plano organizacional**, capaz de ajudar o empresário organizado em todas as engrenagens de seu negócio.

> A **responsabilidade** do setor de pessoal ou de RH é, literalmente, a de **cuidar** das pessoas. Se analisarmos mais pontualmente, vamos ver que sua lida é diretamente com as pessoas. Isso vai desde a seleção dos candidatos, por meio do recrutamento, treinamento e capacitação daqueles escolhidos (posteriormente e já com o funcionário engajado na empresa), elaboração de suas remunerações e benefícios, até a última instância, que é o desligamento do empregado.

Vamos imaginar uma empresa que começa a explorar suas atividades, adquirindo os mais modernos equipamentos e maquinários, tendo capital de giro suficiente para se garantir por um bom tempo no mercado. Contudo, por falta de uma área de pessoal bem estruturada e que saiba principalmente admitir e repassar aos funcionários os objetivos e as intenções da empresa, ela não consegue captar os recursos humanos capazes, motivados e com aptidões individuais necessárias para desenvolver as atividades pertinentes a cada trabalho.

O que fatalmente acontecerá, em um futuro breve, com essa empresa?

É por isso que, nas grandes empresas, encontramos o setor de pessoal em destaque – até mesmo

O departamento de pessoal é indispensável para qualquer empresa, pois faz parte de um plano organizacional, capaz de ajudar o empresário organizado em todas as engrenagens de seu negócio.

em comparação aos demais setores –, com hierarquias bem definidas, existindo as chefias, as diretorias e a divisão em alguns subdepartamentos.

De maneira geral, podemos encontrar os **subdepartamentos** ou setores de admissão, de compensação e de desligamento. De uma forma mais popular, poderíamos batizá-los, respectivamente, de *começo*, *meio* e *fim* da relação de emprego. Qual seria a tarefa de cada um deles? Vejamos a seguir.

4.1.1 Setor de admissão

Iniciando pelo setor de admissão, é fácil imaginar qual seria sua grande tarefa. Contudo, um pouco diferente do que muitos pensam, a área de admissão não tem somente a incumbência de procurar no mercado o melhor profissional para desempenhar a função ou o cargo à disposição, admitindo-o.

> O **recrutamento de pessoal** é tarefa das mais importantes, pois é a busca no contexto do Mercado de Recursos Humanos (MRH) por aquele recurso humano condizente com as necessidades do empresário. Conforme Chiavenato (2020, p. 114), "o recrutamento corresponde ao processo pelo qual a organização atrai candidatos no MRH para abastecer seu processo seletivo".

Para que isso aconteça da maneira mais eficaz possível, alguns cuidados devem ser tomados. É necessário, antes de tudo, definir as **características** do empregado que a empresa precisa contratar, que podem ser relativas à experiência profissional, à escolaridade etc.

Para o recrutamento propriamente dito, a seção de admissão pode se valer de diferentes meios, que abrangem desde indicações de colaboradores ou de outras pessoas até anúncios em meios de comunicação. Há até mesmo empresas de RH que são criadas com o propósito de suprir o mercado com a força de trabalho de diferentes profissionais.

Na seleção de pessoal, o setor responsável faz as entrevistas necessárias com todos os candidatos, escolhendo o que melhor atender às exigências do empregador. Chiavenato (2020, p. 133) entende que "a seleção de pessoas funciona como uma espécie de filtro que permite que apenas algumas pessoas possam ingressar na organização: aquelas que apresentam características desejadas pela organização".

Além dessa busca, esse setor deve integrar aquele que está iniciando na empresa que o contratou, observando os critérios administrativos e jurídicos, principalmente **formalizando seu registro** segundo os ditames da legislação trabalhista.

4.1.2 Setor de compensação

Na sequência, há o setor de compensação. Estamos, pois, no meio da relação de emprego.

A pertinência da seção de compensação de pessoal se refere justamente ao cotidiano do funcionário, controlando sua frequência, cuidando de seus benefícios, elaborando a folha de pagamento, com a responsabilidade de calcular os tributos advindos ou relativos a cada relação de emprego.

4.1.3 Setor de desligamento

Ao final da relação, há a extinção do contrato de trabalho.

A função principal do setor de desligamento é a de providenciar a rescisão contratual referente ao funcionário, quitando todas as verbas a que este tenha direito.

Isso parece ser bastante simples a princípio, mas requer uma atenção especial para que a empresa não seja surpreendida com uma reclamatória trabalhista em razão da falta de pagamento de verbas rescisórias.

O trabalho tem início já no momento do pedido de demissão ou na solicitação de dispensa do funcionário, com o fornecimento ou recebimento do aviso-prévio, e culmina com a quitação do contrato de trabalho.

> Cabe esclarecer que a Lei n. 13.467, de 13 de julho de 2017 (Brasil, 2017), revogou o parágrafo 1º do art. 477 da CLT, retirando a obrigatoriedade de homologação da rescisão do contrato de trabalho no sindicato da categoria, para aqueles contratos vigentes há mais de um ano.

É função desse setor, ainda, exercer a representação judicial e extrajudicial da empresa perante todos os órgãos oficiais, entre eles a Delegacia Regional do Trabalho (DRT), os sindicatos e a Justiça do Trabalho, além de atentar para toda a rotina de fiscalização.

4.2 Documentação necessária para a admissão de empregados

Vários são os documentos que podem e devem ser apresentados pelo funcionário para a efetivação de sua contratação. Outros, porém, não podem ser exigidos.

Tratando-se da documentação necessária, devem ser considerados alguns aspectos para a formalização da admissão, bem como para a identificação e a particularização do funcionário, ao mesmo tempo que são exigências legais em alguns casos.

Entre os documentos que **podem** ser exigidos estão:

» Carteira de Trabalho e Previdência Social (CTPS) para todos os tipos de contratação com vínculo empregatício, inclusive para contrato de experiência. A CTPS deve ser fornecida pelo empregado ao empregador, mediante recibo, sendo-lhe devolvida no prazo máximo de 48 horas, sob pena de multa. Nela, devem ser anotadas todas as informações relativas ao contrato de trabalho.

» Atestado de Saúde Ocupacional (ASO) fornecido por profissional médico, relativo ao exame médico admissional ou de capacitação profissional.
» Carteira de identidade.
» Comprovante de inscrição no Cadastro de Pessoa Física (CPF/MF).
» Certidão de nascimento ou de casamento.
» Título de eleitor, para maiores de 18 anos.
» Certificado de reservista, para os empregados brasileiros de sexo masculino com idade entre 18 e 45 anos.
» Comprovante de inscrição no Programa de Integração Social/ Programa de Formação do Patrimônio do Servidor Público (PIS/Pasep).
» Cópia da certidão de nascimento de filhos menores de 14 anos, para o recebimento do salário-família.

Outros documentos podem ser solicitados, desde que compatíveis com a função a ser exercida pelo empregado ou com a situação peculiar do empregado ou de sua família.

4.2.1 Documentos cuja exigência é proibida

A Constituição Federal (CF) de 1988 (Brasil, 1988) considera que todos são iguais perante a lei, proibindo veementemente qualquer tipo de discriminação e garantindo o livre exercício do trabalho. Assim dispõe em alguns de seus artigos:

> Art. 3º Constituem objetivos fundamentais da República Federativa do Brasil:
> [...]
> IV – promover o bem de todos, sem preconceitos de origem, raça, sexo, cor, idade e quaisquer outras formas de discriminação.
> [...]
> Art. 5º Todos são iguais perante a lei, sem distinção de qualquer natureza, garantindo-se aos brasileiros e aos estrangeiros residentes no País a inviolabilidade do direito à vida, à liberdade, à igualdade, à segurança e à propriedade, nos termos seguintes:
> [...]
> X – são invioláveis a intimidade, a vida privada, a honra e a imagem das pessoas, assegurado o direito à indenização pelo dano material ou moral decorrente de sua violação;
> [...]
> XIII – é livre o exercício de qualquer trabalho, ofício ou profissão, atendidas as qualificações profissionais que a lei estabelecer;
> [...]
> Art. 7º São direitos dos trabalhadores urbanos e rurais, além de outros que visem à melhoria de sua condição social:
> [...]
> XXX – proibição de diferença de salários, de exercício de funções e de critério de admissão por motivo de sexo, idade, cor ou estado civil;
> [...]. (Brasil, 1988)

É preciso atentar para que o empregador, no afã de solicitar a documentação do empregado, não esbarre em uma situação de discriminação e venha a se incomodar posteriormente, até mesmo com prejuízos financeiros.

Entre os documentos que **não podem** ser exigidos estão:

» Certidão negativa trabalhista, para saber se o funcionário tem alguma demanda trabalhista já distribuída. No entanto, se o empregador quiser, estando de posse das informações básicas do empregado, ele mesmo pode conseguir tal certidão, pois qualquer pessoa tem acesso. O que é proibido é exigir isso do empregado.

» Quaisquer certidões negativas de débitos ou de protestos, fornecidas pelos órgãos protetivos de crédito – como o Serviço de Proteção ao Crédito (SPC) – e pelos cartórios de protestos.

» Exames de saúde como testes de gravidez, de esterilização e exame de HIV (vírus da imunodeficiência humana, que causa a síndrome também conhecida como *Aids*).

» Atestado de antecedentes criminais, exceto para atividades que justifiquem sua exigência, como empresas de vigilância ou segurança; atividades do setor financeiro; transporte de valores.

Não podemos esquecer que a Consolidação das Leis do Trabalho (CLT – Decreto-Lei n. 5.452, de 1º de maio de 1943), em seu art. 442-A, também determina que, "Para fins de contratação, o empregador não exigirá do candidato a emprego comprovação de experiência prévia por tempo superior a 6 (seis) meses no mesmo tipo de atividade" (Brasil, 1943).

Reiteramos que a exigência de quaisquer documentos que evidenciem alguma prática discriminatória é terminantemente proibida e que não existe previsão legal que respalde essa prática. O entendimento jurisprudencial de nossos tribunais também é nesse sentido.

Síntese

Neste capítulo, tratamos do departamento de pessoal com todas as suas nuances. Esse departamento também é conhecido como *setor de RH*, entre outras denominações.

Constatamos a importância desse setor para a empresa, que, dependendo do porte, pode ter um departamento bem maior, denominado de *RH*, sendo o setor de pessoal um de seus componentes, o qual também pode ser dividido em outros setores.

Deixamos claro que boa parte das empresas, em virtude de seu tamanho, não consegue ter esse setor apartado, aproveitando-se, às vezes, do mesmo profissional contábil para colaborar nesse aspecto.

Questões para revisão

1) Ao ser contratado, o empregado deve entregar ao departamento de pessoal da empresa sua CTPS, para que nela sejam anotadas todas as informações relativas ao contrato individual de trabalho. O departamento de pessoal, que representa o empregador, pode reter por quanto tempo a CTPS do empregado?
   a. Por, no máximo, 48 horas, sob pena de multa.
   b. Por, no máximo, 72 horas, sob pena de multa.
   c. Pelo tempo que entender necessário.
   d. A legislação não prevê qualquer tempo de retenção.
   e. Por um período de 5 dias úteis.

2) Ao fazer a admissão de um funcionário na empresa, o departamento de pessoal lhe solicita alguns documentos particulares. A legislação, todavia, determina a obrigatoriedade da entrega de alguns documentos e proíbe a exigência de outros. Entre aqueles que o departamento de pessoal está proibido de exigir do empregado estão:

a. ASO e CTPS.
b. Atestado de antecedentes criminais e testes de gravidez.
c. Certidão de nascimento e certificado de reservista.
d. Certidão de nascimento dos filhos e comprovante de inscrição no PIS.
e. Título de eleitor e certidão de casamento.

3) O departamento de pessoal, também conhecido como *setor de RH*, é a área responsável da empresa por cuidar desde o ingresso do funcionário até sua saída da organização. Esse departamento é comumente subdividido em setores:
   a. de admissão, de complementação e de desligamento.
   b. de admissão, de compensação e de finalidade.
   c. de admissão, de compensação e de desligamento.
   d. de chegada, de compensação e de desligamento.
   e. de início, de meio e de fim.

4) Certo funcionário trabalha há dois anos para seu empregador, que não precisa mais de seus serviços e resolve dispensá-lo. Nos casos de dispensa arbitrária, deve ser paga uma indenização ao empregado, além de todas as verbas devidas que fazem parte do Termo de Rescisão do Contrato de Trabalho. Em que local a homologação da rescisão contratual deve ser formalizada?

5) A empresa que tem seu departamento de pessoal bem estruturado pode dividi-lo em setores, para um melhor desempenho de suas atividades. Entre tais setores está o de compensação. Cite algumas funções desse setor.

Questões para reflexão

1) Ao ser proibida pela legislação a exigência de certos documentos do empregado, pode o empregador ter algum prejuízo?

2) Toda empresa, independentemente de seu tamanho e de sua estrutura, deve ter seu departamento de pessoal?

Para saber mais

A obra de Chiavenato sugerida a seguir certamente ajudará a entender os institutos tratados neste capítulo.
CHIAVENATO, I. **Gestão de pessoas**. 5. ed. São Paulo: Atlas, 2020.

Consultando a legislação

Conheça o teor da CLT por inteiro:
BRASIL. Decreto-Lei n. 5.452, de 1º de maio de 1943. **Diário Oficial da União**, Poder Executivo, Rio de Janeiro, 9 ago. 1943. Disponível em: <http://www.planalto.gov.br/ccivil_03/decreto-lei/del5452.htm>. Acesso em: 20 set. 2022.

V

Conteúdos do capítulo:

- » Teoria geral dos contratos.
- » Contrato individual de trabalho.
- » Contrato de experiência.
- » Contrato de aprendizagem.
- » Contrato de estágio.
- » Contrato de trabalho verde e amarelo.

Após o estudo deste capítulo, você será capaz de:

1. compreender a teoria geral dos contratos;
2. perceber de quais formas o contrato de trabalho pode ser firmado;
3. identificar as peculiaridades do contrato de aprendizagem;
4. avaliar se o contrato de estágio caracteriza ou não uma relação de emprego.
5. conhecer o contrato de trabalho verde e amarelo.

Contratos de trabalho

O contrato individual de trabalho é o instrumento que formaliza o vínculo entre o empregado e o empregador. Por isso, é importante analisar como ele pode ser acordado e identificar alguns de seus tipos.

Trataremos, neste capítulo, da teoria geral dos contratos, bem como de um contrato *sui generis*: o contrato de estágio.

5.1 Teoria geral dos contratos

Como qualquer outro instrumento contratual, na seara trabalhista, os contratos devem ter, além de suas particularidades, alguns requisitos obrigatórios e legais, comuns a todos: as **partes**, o **objeto** e a **manifestação de vontade**.

Entendemos que é necessária uma análise, mesmo que breve, da teoria geral dos contratos para que você possa compreender com maior propriedade o contrato individual de trabalho. Lembre-se de que, em se tratando de um contrato, a regra geral incide sobre ele.

Dessa forma, esclarecemos que qualquer contrato é um negócio jurídico e, como tal, algumas condições devem estar presentes para que possa ser considerado válido. Por isso, vejamos o que determina a Lei n. 10.406, de 10 de janeiro de 2002, nosso Código Civil:

> Art. 104. A validade do negócio jurídico requer:
> I – agente capaz;
> II – objeto lícito, possível, determinado ou determinável;
> III – forma prescrita ou não defesa em lei. (Brasil, 2002a)

Exigindo que o agente seja capaz, a legislação obriga que os contratantes não se enquadrem em nenhuma das hipóteses de incapacidade relativa ou absoluta, também previstas no Código Civil.

O objeto a ser contratado deve estar contemplado na lei, é claro. Entretanto, mesmo que não esteja especificado em lei, não deve atentar contra a moral e os bons costumes nem contra a ordem pública. Deve ser possível determiná-lo, seja pelo seu gênero, seja pela sua quantidade, seja pela sua qualidade.

> *Qualquer contrato é um negócio jurídico e, como tal, algumas condições devem estar presentes para que possa ser considerado válido.*

Quanto à forma do contrato, esta também deve ter previsão legal ou, ao menos, não ser proibida legalmente.

Essas convenções efetuadas entre as partes – chamadas de *contratos* em nosso ordenamento jurídico – devem ser firmadas com base nas determinações legais e na vontade dos sujeitos. Elas têm a prerrogativa de criar, regular, modificar ou extinguir relações jurídicas de cunho patrimonial.

> A definição de **contrato** elaborada no século passado por Clóvis Beviláqua (1934, p. 245) ainda é bem atual e ajuda-nos a entender do que se trata: "acordo de vontades para o fim de adquirir, resguardar, modificar ou extinguir direitos". Parece, por assim dizer, que os contratos podem tudo, desde que pactuados entre **sujeitos capazes**, com o **consenso** das partes e **sem impedimento legal**.

Será que o contrato individual de trabalho também se porta dessa forma? Vejamos a seguir.

5.2 Contrato individual de trabalho

Na primeira parte desta obra, abordamos o conceito e algumas peculiaridades do contrato individual de trabalho. Porém, é importante reforçar alguns entendimentos, para que possamos adentrar uma análise mais efetiva da rotina trabalhista.

De imediato, e para que não tenhamos qualquer dúvida quanto à localização da definição do contrato de trabalho, apresentamos a determinação do Decreto-Lei n. 5.452, de 1º de maio de 1943 (Consolidação das Leis do Trabalho – CLT), o qual, em seu art. 442, assim define: "Contrato individual de trabalho é o acordo tácito ou expresso, correspondente à relação de emprego" (Brasil, 1943). Com certa redundância, reafirma a conceituação no art. 443, acrescentando alguns detalhes: "O contrato individual de trabalho poderá ser acordado tácita ou expressamente, verbalmente ou por escrito, por prazo determinado ou indeterminado, ou para prestação de trabalho intermitente" (Brasil, 1943).

Vamos explicar essa questão com um pouco mais de profundidade, mas, antes e como subsídio, vejamos a definição de **contrato de emprego** na visão de Nascimento (2014, p. 869): "relação jurídica de natureza contratual tendo como sujeitos o empregado e o empregador e como objeto o trabalho subordinado, continuado e assalariado".

Diante dos dois conceitos, parece bastante claro que o contrato individual de trabalho tem validade independentemente da maneira como tenha sido acordado, desde que presentes os requisitos da relação de emprego.

Mas vamos partir da premissa da disposição legal que obriga a **anotação do contrato de trabalho** na Carteira de Trabalho e Previdência Social (CTPS) do empregado, com algumas de suas particularidades, como o nome do empregador, a função ou o cargo, a data de admissão e a remuneração.

Por outro lado, mesmo cumprida a exigência da anotação do contrato de trabalho na CTPS, o que ali consta é uma sucinta demonstração da relação que se inicia entre o empregado e o empregador.

É preciso algo mais efetivo e esclarecedor, que traga todas as peculiaridades da relação, para que ambas as partes possam manifestar suas vontades e entender com exatidão o que estão acordando. É, literalmente, o contrato individual de trabalho.

Mostramos a seguir alguns **requisitos** obrigatórios e gerais que devem estar presentes em todo e qualquer contrato individual de trabalho:

- » **Partes**, com qualificação completa (nome, endereço, documentos etc.).
- » **Tipo do contrato**, que pode ser por prazo determinado ou indeterminado. Se for por prazo determinado, de imediato deverá conter as datas de início e de término; se por prazo indeterminado, somente a data de início.
- » **Cargo e/ou função** que depende de cada caso, mas, obrigatoriamente, é aquele(a) que será exercido(a) pelo empregado.
- » **Jornada de trabalho**, especificando os dias e as horas a serem trabalhados, bem como os intervalos inter e intrajornadas.
- » **Valor da remuneração**, indicando expressamente o salário e as demais verbas que receberá o empregado pelos serviços a serem prestados.
- » **Local** onde serão prestados os serviços.
- » **Foro competente** para dirimir qualquer dúvida advinda do contrato.
- » **Assinaturas** do empregado e do empregador, além de duas testemunhas, com nome completo e número de seus documentos de identificação, constando ainda a data e o lugar onde o contrato está sendo firmado.

Tendo o contrato algumas particularidades, nada impede de serem acrescentadas outras mais, desde que observados os requisitos de validade. Citamos alguns exemplos:

- » **Viagens**: devem estar claras as situações em que viagens podem eventualmente ocorrer; porém, mesmo que sejam inerentes à função a ser desenvolvida pelo empregado, é interessante indicar de forma expressa essa possibilidade no contrato.

» **Horas extras**: o pacto de horas extraordinariamente trabalhadas somente tem validade se acordado individualmente, mediante convenção ou acordo coletivos de trabalho e por, no máximo, 2 horas por dia, conforme determinação legal da CLT:

> Art. 59. A duração diária do trabalho poderá ser acrescida de horas extras, em número não excedente de duas, por acordo individual, convenção coletiva ou acordo coletivo de trabalho.
> § 1º A remuneração da hora extra será, pelo menos, 50% (cinquenta por cento) superior à da hora normal.
> (Brasil, 1943)

» **Transferência**: é necessário deixar claro que tal possibilidade pode existir, bem como o adicional a que o empregado terá direito nesse caso.

» **Descontos**: é preciso prever a possibilidade de se efetuarem descontos pontuais e legais na folha de pagamento.

» **Prorrogação**: nos casos de contrato por prazo determinado, estipular a possibilidade de prorrogação, atentando-se para o prazo máximo de dois anos, e a probabilidade de se transformar em prazo indeterminado, consoante previsão da CLT:

> Art. 445. O contrato de trabalho por prazo determinado não poderá ser estipulado por mais de 2 (dois) anos, observada a regra do art. 451.
> [...]
> Art. 451. O contrato de trabalho por prazo determinado que, tácita ou expressamente, for prorrogado mais de uma vez passará a vigorar sem determinação de prazo. (Brasil, 1943)

» **Regulamento interno**: existindo norma interna da empresa, deixar evidenciado no contrato esse fato, fornecendo o regulamento de imediato ao empregado.

Salientamos que as regras do contrato individual de trabalho devem observar o regulamento interno, a convenção e o acordo coletivos de trabalho e o ordenamento jurídico, sob pena de nulidade total ou parcial.

5.3 Contrato de experiência

Ressaltamos que o contrato de experiência é um contrato individual de trabalho. Mesmo que por prazo determinado, já estipulados seus termos inicial e final, deve conter todos os requisitos de qualquer outro contrato de trabalho, incluindo-se – e de imediato – a anotação na CTPS do funcionário.

O objetivo do contrato de experiência, como o próprio nome sugere, é que as partes se conheçam e experimentem a relação de trabalho. Para o empregador, interessa apurar se o empregado compreende suas determinações, se realiza as atribuições a ele conferidas, se é disciplinado, entre outras posturas. Já para o empregado, importa verificar se as condições oferecidas no trabalho são condizentes com suas expectativas, se consegue integrar-se e adaptar-se às normas internas, como será seu relacionamento com seus superiores e com seus colegas de trabalho etc.

O prazo do contrato de experiência não pode exceder o período de **90 dias**, podendo, durante esse prazo, ser prorrogado uma única vez. É a determinação do parágrafo único do art. 445 da CLT: "O contrato de experiência não poderá exceder de 90 (noventa) dias" (Brasil, 1943). A este se conjuga o art. 451: "O contrato de trabalho por prazo determinado que, tácita

> *O objetivo do contrato de experiência, como o próprio nome sugere, é que as partes se conheçam e experimentem a relação de trabalho.*

ou expressamente, for prorrogado mais de uma vez passará a vigorar sem determinação de prazo" (Brasil, 1943).

É provável que isso suscite algumas dúvidas, como: Se o contrato for celebrado por 30 dias e o empregador quiser prorrogá-lo, deverá, obrigatoriamente, ser por mais 30 dias? É possível firmar o contrato diretamente pelo prazo de 90 dias? E por 45 dias, para, depois, prorrogá-lo por mais 30?

Essas dúvidas são bastante comuns. Vamos esclarecer tudo isso trazendo o entendimento jurisprudencial do egrégio Tribunal Superior do Trabalho (TST), assim sumulado:

> Súmula n. 188 do TST:
> CONTRATO DE TRABALHO. EXPERIÊNCIA. PRORROGAÇÃO –
> Res. 121/2003, DJ 19, 20 e 21.11.2003
> O contrato de experiência pode ser prorrogado, respeitado o limite máximo de 90 (noventa) dias. (Brasil, 2003c)

Não existe impedimento algum na prorrogação do contrato de experiência, desde que ocorra uma única vez, por **escrito**, imediatamente após o vencimento do primeiro prazo. Além disso, a soma dos dois prazos não pode ultrapassar 90 dias; caso contrário, se transformará em contrato por prazo indeterminado.

Outra situação de vital importância é que o contrato de experiência só tem validade se for acordado por **escrito**. Por mais que o empregador contrate seu empregado e, verbalmente, pactue com ele que se trata de experiência, o contrato em questão estará, desde o começo, para todos os fins de direito, sendo celebrado por prazo indeterminado.

Uma questão também relevante é a possibilidade de rescisão antecipada do contrato de experiência. É possível?

Qualquer uma das partes pode rescindir o contrato de experiência antes de seu termo final. Como regra, se não constar cláusula especial de aviso-prévio, não precisará comunicação com antecedência, tendo de pagar como indenização para a outra parte somente a metade dos dias faltantes. Essa é a inteligência do art. 479 da CLT. Em qualquer caso, o empregado tem direito à proporcionalidade de todas as demais verbas:

> Art. 479. Nos contratos que tenham termo estipulado, o empregador que, sem justa causa, despedir o empregado será obrigado a pagar-lhe, a título de indenização, e por metade, a remuneração a que teria direito até o termo do contrato. (Brasil, 1943)

O contrato de experiência é também um contrato individual de trabalho, mas, como vimos, guarda suas peculiaridades, como é o caso do contrato de aprendizagem, que veremos a seguir.

5.4 Contrato de aprendizagem

Se examinarmos a Lei n. 8.069, de 13 de julho de 1990 (Estatuto da Criança e do Adolescente – ECA) –, vamos encontrar, em seu art. 62, a definição de *aprendizagem* como "a formação técnico-profissional ministrada segundo as diretrizes e bases da legislação de educação em vigor" (Brasil, 1990c).

Apresentamos tal definição somente para entender o que é aprendizagem. De imediato e para que não haja confusão, esclarecemos que o contrato de aprendizagem tem algumas peculiaridades, podendo ser celebrado, em regra, com adolescentes e jovens com idade entre 14 e 24 anos, ressalvados os aprendizes portadores de deficiência. É assim conceituado pelo Decreto n. 5.598, de 1º de dezembro de 2005 (Brasil, 2005a), como também pela CLT:

> Art. 428. Contrato de aprendizagem é o contrato de trabalho especial, ajustado por escrito e por prazo determinado, em que o empregador se compromete a assegurar ao maior de 14 (quatorze) e menor de 24 (vinte e quatro) anos inscrito em programa de aprendizagem formação técnico-profissional metódica, compatível com o seu desenvolvimento físico, moral e psicológico, e o aprendiz, a executar com zelo e diligência as tarefas necessárias a essa formação.
> [...]
> § 5º A idade máxima prevista no **caput** não se aplica: (Redação dada pela Medida Provisória nº 1.116, de 2022)
> I – a pessoas com deficiência, que poderão ser contratadas como aprendizes em qualquer idade a partir de quatorze anos; ou (Incluído pela Medida Provisória nº 1.116, de 2022)
> II – a aprendizes inscritos em programas de aprendizagem profissional que envolvam o desempenho de atividades vedadas a menores de vinte e um anos de idade, os quais poderão ter até vinte e nove anos de idade. (Incluído pela Medida Provisória nº 1.116, de 2022). (Brasil, 1943, grifo do original)

O que esse contrato tem de especial? É especial porque dá a oportunidade ao jovem compreendido na faixa etária mencionada de aprender um ofício, de acordo com um programa de aprendizagem que seja condizente com suas condições, capaz de lhe abrir as portas para o mercado de trabalho.

Salientamos, porém, que a Constituição Federal (CF) de 1988 (Brasil, 1988), em seu art. 7º, inciso XXXIII*, proíbe ao menor o trabalho que seja prejudicial à sua saúde física ou mental, bem como

---

* "Art. 7º [...] XXXIII – proibição de trabalho noturno, perigoso ou insalubre a menores de dezoito e de qualquer trabalho a menores de dezesseis anos, salvo na condição de aprendiz, a partir de quatorze anos;
[…]." (Brasil, 1988)

qualquer tipo de trabalho ao menor de 16 anos, excetuando-se unicamente o trabalho como aprendiz.

Contrato de aprendizagem é um contrato individual de trabalho, gerando entre os contratantes uma relação de emprego.

Tratemos, agora, de algumas de suas especialidades.

Esse contrato deve ser ajustado sempre por **escrito** e por **prazo determinado**, tendo como duração máxima três anos, com exceção dos contratos firmados com aprendizes portadores de deficiência, de acordo com a letra dos parágrafos 3º e 5º do art. 428 da CLT:

> § 3º O contrato de aprendizagem profissional não poderá ter duração superior a três anos, exceto: (Redação dada pela Medida Provisória nº 1.116, de 2022)
> I – quando se tratar de pessoa com deficiência, hipótese em que não há limite máximo de prazo; (Incluído pela Medida Provisória nº 1.116, de 2022)
> II – quando o aprendiz for contratado com idade entre quatorze e quinze anos incompletos, hipótese em que poderá ter seu contrato firmado pelo prazo de até quatro anos; ou (Incluído pela Medida Provisória nº 1.116, de 2022)
> III – quando o aprendiz se enquadrar nas situações previstas no § 5º do art. 429, hipótese em que poderá ter seu contrato firmado pelo prazo de até quatro anos. (Incluído pela Medida Provisória nº 1.116, de 2022)
> [...]
> § 5º A idade máxima prevista no caput não se aplica: (Redação dada pela Medida Provisória nº 1.116, de 2022)
> I – a pessoas com deficiência, que poderão ser contratadas como aprendizes em qualquer idade a partir de quatorze anos; ou (Incluído pela Medida Provisória nº 1.116, de 2022)
> II – a aprendizes inscritos em programas de aprendizagem profissional que envolvam o desempenho de atividades vedadas a menores de vinte e um anos de idade, os quais poderão ter até vinte e nove anos de idade. (Incluído pela Medida Provisória nº 1.116, de 2022)

Esclarecemos que o contrato deve vigorar até o final, não podendo ser modificado para prazo indeterminado. Somente ao término do contrato é que o aprendiz pode ser contratado como empregado efetivo, com contrato por prazo indeterminado.

Trata-se de **formação técnico-profissional**, portanto, é importante que seja desenvolvida por instituição devidamente qualificada, por intermédio de um programa que preveja a execução de atividades teóricas e práticas, com especificação de conteúdos programáticos, de carga horária, dos mecanismos de acompanhamento, avaliação e certificação, tudo em conformidade com os parâmetros legais. Tal instituição deverá fornecer ao empregador todas as informações do curso e orientá-lo para que, juntos, possam compatibilizar o aprendizado teórico com o prático.

> *Contrato de aprendizagem é um contrato individual de trabalho, gerando entre os contratantes uma relação de emprego.*

É necessário, também, para que tenha validade o contrato, que o aprendiz esteja **frequentando a escola**. Assim é a determinação do art. 428, em seu parágrafo 1º, com exceção trazida no parágrafo 7º da CLT:

> Art. 428. [...]
> § 1º A validade do contrato de aprendizagem pressupõe anotação na Carteira de Trabalho e Previdência Social, matrícula e frequência do aprendiz na escola, caso não haja concluído o ensino médio, e inscrição em programa de aprendizagem desenvolvido sob orientação de entidade qualificada em formação técnico-profissional metódica.
> [...]
> § 7º Nas localidades onde não houver oferta de ensino médio para o cumprimento do disposto no § 1º deste artigo, a contratação do aprendiz poderá ocorrer sem a frequência à escola, desde que ele já tenha concluído o ensino fundamental. (Brasil, 1943)

E existem empresas obrigadas a contratar um aprendiz?

A resposta é afirmativa. Nas empresas que tenham acima de sete funcionários, essa obrigação se instala. Portanto, o contrato de aprendizagem precisa apresentar os requisitos básicos de todo contrato de trabalho por prazo determinado, como a jornada diária e semanal, a remuneração, as datas de início e término, que devem ser as mesmas do curso de que o aprendiz participará. Mas, além disso, o contrato de aprendizagem deve conter, ainda, detalhes do curso que será ministrado, principalmente com a definição da quantidade de horas práticas e teóricas.

5.5 Contrato de estágio

Regulamentado pela Lei n. 11.788, de 25 de setembro de 2008 (Brasil, 2008b), podemos dizer que o contrato de estágio é *sui generis*, pois apresenta todos os requisitos característicos da relação de emprego, mas dela não faz parte, ou seja, não existe o vínculo empregatício entre as partes.

Já em seu art. 1º, a Lei n. 11.788/2008 assim dispõe:

> Art. 1º Estágio é ato educativo escolar supervisionado, desenvolvido no ambiente de trabalho, que visa à preparação para o trabalho produtivo de educandos que estejam frequentando o ensino regular em instituições de educação superior, de educação profissional, de ensino médio, da educação especial e dos anos finais do ensino fundamental, na modalidade profissional da educação de jovens e adultos.

O mesmo diploma legal determina algumas obrigatoriedades, sob pena de se transmudar para a relação de emprego. Contudo, essa linha é muito tênue, devendo a parte concedente estar atenta para que não tenha outros prejuízos mais tarde.

Entre esses requisitos podemos citar a **obrigatoriedade da matrícula** e da frequência regular do estagiário, também chamado de *educando*, em curso de educação superior, de educação profissional, de ensino médio ou de educação especial. Também podem fazer estágio aqueles que se encontram nos anos finais do ensino fundamental, na modalidade profissional da educação de jovens e adultos. Em qualquer dos cursos, deve ser comprovado e atestado pela instituição de ensino onde são realizados.

Como é possível observar, há três partes envolvidas, e o **termo de compromisso de estágio** deve ser firmado entre elas, que são a parte concedente, o educando e a instituição de ensino, que deve indicar um professor orientador, assim como a parte concedente deve indicar um supervisor. Esses profissionais devem acompanhar todas as fases do contrato, emitindo e assinando relatórios que o comprovem. E, é claro, as atividades desenvolvidas no estágio devem ser compatíveis com aquelas determinadas no termo de compromisso.

A **duração** máxima do contrato com a mesma parte concedente não pode ser maior do que dois anos.

A **jornada** do estágio deve ser de 4 horas diárias e 20 semanais para estudantes de educação especial e para aqueles que estiverem cursando os anos finais do ensino fundamental, na modalidade profissional de educação de jovens e adultos. Já para os estudantes do ensino superior, da educação profissional de nível médio e do ensino médio regular, a jornada deve ser de 6 horas diárias e 30 horas semanais. Nas situações em que os cursos tenham de alternar a teoria e a prática, a jornada pode ser de até 40 horas semanais, estando essa condição devidamente prevista no projeto pedagógico do curso e da instituição de ensino.

Entre os **benefícios** que o educando pode ter, encontramos a bolsa estágio, que é a remuneração pelos serviços prestados. Se o estágio ultrapassar o período de um ano, terá direito a 30 dias de recesso, que devem ser concedidos no mesmo período das férias escolares, tendo direito à proporcionalidade se o período for menor que um ano, além de auxílio-transporte nos casos de estágios não obrigatórios.

O contrato de estágio guarda algumas situações parecidas com o de aprendizagem: assim como este, é considerado um contrato individual de trabalho, mas, como já foi mostrado, é um contrato *sui generis*, ou seja, com estilo e regras próprias.

5.6 Contrato de trabalho verde e amarelo

Importante destacar que a Medida Provisória (MP) n. 905, de 11 de novembro de 2019 (revogada pela MP n. 955, de 20 de abril de 2020) instituiu o chamado *contrato de trabalho verde e amarelo* (Brasil, 2019c).

Essa MP determinava que as regras desse novo tipo de contrato deveriam ser aplicadas nas contratações realizadas entre 1º de janeiro de 2020 e 31 de dezembro de 2022. Em seu art. 1º, informava que as contratações fundamentadas nela, que tinha como objetivo a geração de novos empregos, estavam destinadas às pessoas entre 18 e 29 anos de idade, desde que fosse o **primeiro emprego**, devidamente registrado em CTPS. O parágrafo único do mesmo artigo, por sua vez, estabelecia que não seriam considerados como primeiro emprego os vínculos laborais relativos a menor aprendiz, contrato de experiência, trabalho intermitente e trabalho avulso.

Você notou que essa modalidade de contratação impunha algumas limitações? Outra restrição constava no art. 2º da MP n. 905/2019: deveria ser adotada como referência a média do total de empregados registrados na folha de pagamentos entre 1º de janeiro e 31 de outubro de 2019, e as empresas somente poderiam firmar esses contratos até o limite de 20% "do total de empregados da empresa, levando-se em consideração a folha de pagamentos do mês corrente de apuração" (Brasil, 2019c, art. 2º).

Além disso, o contrato de trabalho verde e amarelo era sempre por **prazo determinado** e com vigência de, no máximo, 24 meses, não podendo ser aplicada a regra geral dos contratos por prazo determinado prevista no art. 451 da CLT, qual seja, quando prorrogado por mais de uma vez, transmuda-se em contrato por prazo indeterminado, podendo ser prorrogado várias vezes conforme esse limite temporal. Nesse sentido, a Portaria n. 950, de 13 de janeiro de 2020, da Secretaria Especial de Previdência e Trabalho, que regulamentava a MP, dispunha: "Art. 2º [...] § 3º O prazo máximo do contrato de trabalho Verde e Amarelo é de vinte e quatro meses, incluindo as prorrogações" (Brasil, 2020a). Só se transformará em contrato por prazo indeterminado, após transcorrido seu prazo total, previamente estipulado, mantendo-se o vínculo empregatício.

Outras características desse contrato eram relativas ao salário e ao pagamento das remunerações. Quanto ao **salário**, a MP determinava que as contratações efetuadas não poderiam ter como salário-base um teto superior a um salário-mínimo e meio nacional. No que diz respeito ao **pagamento**, que não podia exceder a um mês, o empregado recebia, juntamente ao salário, o 13º proporcional e as férias proporcionais com acréscimo de 1/3 e do FGTS. Nesse particular, inovou a MP:

> Art. 6º Ao final de cada mês, ou de outro período de trabalho, caso acordado entre as partes, desde que inferior a um mês, o empregado receberá o pagamento imediato das seguintes parcelas:
> I – remuneração;
> II – décimo terceiro salário proporcional; e
> III – férias proporcionais com acréscimo de um terço.

> § 1º A indenização sobre o saldo do Fundo de Garantia do Tempo de Serviço – FGTS, prevista no art. 18 da Lei nº 8.036, de 11 de maio de 1990, poderá ser paga, por acordo entre empregado e empregador, de forma antecipada, mensalmente, ou em outro período de trabalho acordado entre as partes, desde que inferior a um mês, juntamente com as parcelas a que se refere o **caput**.
> § 2º A indenização de que trata o §1º será paga sempre por metade, sendo o seu pagamento irrevogável, independentemente do motivo de demissão do empregado, mesmo que por justa causa, nos termos do disposto no art. 482 da Consolidação das Leis do Trabalho, aprovada pelo Decreto-Lei nº 5.452, de 1943.
> Art. 7º No Contrato de Trabalho Verde e Amarelo, a alíquota mensal relativa à contribuição devida para o FGTS de que trata o art. 15 da Lei nº 8.036, de 1990, será de dois por cento, independentemente do valor da remuneração. (Brasil, 2019c, grifo do original)

Salientamos que, independentemente do motivo da rescisão, não era devida devolução ao empregador dos valores das parcelas mensalmente recebidas relativas ao 13º e às férias proporcionais a que se referiam os incisos II e III do art. 6º, ou seja, não teria direito o empregador ao reembolso dos valores antecipados, independentemente do motivo da rescisão, se arbitrária ou por justa causa.

No art. 7º estava clara a desoneração do pagamento do FGTS, que era de 2%, e não de 8% como normalmente incide nos demais contratos trabalhistas.

Por sua vez, o art. 9º determinava a isenção de alguns encargos trabalhistas incidentes sobre a folha de pagamento, como a contribuição previdenciária patronal de 20%, o salário-educação de 2,5% e algumas contribuições sociais.

Por fim, ressaltamos que devem ser analisados, conforme o caso concreto, os benefícios e os prejuízos que poderiam advir desse tipo de contratação.

Neste momento, ao findar esse tema, você pode estar se questionando: Ora, se a MP já foi revogada, por que essa matéria ainda consta em nossos estudos? A reposta é muito simples: Enquanto vigorou, a MP produziu todos os seus efeitos, de modo que é de vital importância que você tenha esse entendimento.

Síntese

Neste capítulo, tratamos sobre os contratos. Iniciamos com a teoria geral, que é regra para todo e qualquer tipo de contrato, analisando seus elementos objetivos e subjetivos, como o objeto, a forma, as partes e o mútuo consentimento.

Depois, abordamos contrato individual de trabalho e as formas como ele pode ser acordado entre as partes, verificando mais especificamente duas de suas modalidades: o contrato de experiência e o contrato de aprendizagem.

Examinamos, ainda, o contrato de estágio, observando que se trata de um contrato único, com legislação especial, que estabelece, acima de tudo, a não configuração de vínculo empregatício.

E finalizamos o capítulo apresentando o contrato de trabalho verde e amarelo, novidade instituída pela MP n. 905/2019, a qual já foi revogada, mas produziu todos os seus efeitos durante sua vigência.

Questões para revisão

1) O contrato de estágio é um contrato único, pois, por mais que estejam presentes os mesmos requisitos definidores da relação de emprego, dela não se trata, desde que certas condições se verifiquem. Quais são essas condições?

2) O contrato de estágio pode ser considerado um contrato individual de trabalho, transformando o estagiário em empregado? Em quais condições?

3) O contrato de aprendizagem é um contrato a termo e não pode ser estipulado por mais de três anos, **exceto** quando:
   a. acordado com antecedência entre as partes.
   b. os responsáveis pelo aprendiz assim autorizarem.
   c. se tratar de aprendiz portador de deficiência.
   d. for ajustado verbalmente.
   e. sua prorrogação ocorrer dentro do prazo inicial de dois anos.

4) A CF de 1988 rege, em várias partes de seu texto, que o princípio da igualdade deve ser aplicado de maneira incondicional, abominando qualquer tipo de discriminação. No âmbito do direito do trabalho, coloca todos os trabalhadores nas mesmas condições, dando-lhes iguais oportunidades, de modo que todos sejam tratados da mesma forma, quer na admissão, quer na relação laboral, bem como possibilitando ao menor a inserção desde cedo no mercado de trabalho. Sobre isso, orienta a CF de 1988:
   a. O maior de 12 anos pode trabalhar desempenhando algumas funções, desde que na condição de aprendiz.
   b. Apenas a partir dos 14 anos, o menor poderá trabalhar, mas somente na condição de aprendiz, sem qualquer outra proibição.

c. Ao menor de 16 anos é proibido qualquer tipo de trabalho, salvo na condição de aprendiz a partir dos 14 anos.
d. Ao maior de 16 anos é permitido qualquer tipo de trabalho.
e. Ao menor de 16 anos é proibido qualquer tipo de trabalho, salvo na condição de aprendiz a partir dos 12 anos.

5) Você foi contratado para desempenhar certa função em uma empresa, e seu empregador acordou com você um contrato de experiência, que é um contrato individual de trabalho a termo ou por prazo determinado e que poderá, no prazo máximo de:
a. 90 dias, ser renovado tantas vezes quanto possível.
b. 90 dias, ser renovado uma única vez, independentemente do prazo do primeiro contrato.
c. 90 dias, ser renovado uma única vez pelo mesmo prazo do primeiro contrato.
d. 90 dias, ser renovado somente por duas vezes de igual período.
e. 120 dias, ser renovado uma única vez, independentemente do prazo do primeiro contrato.

Questões para reflexão

1) O contrato de aprendizagem é prejudicial ao empregado?
2) É possível afirmar que o empregador se vale do contrato de estágio para explorar o empregado?

Para saber mais

Consulte a obra de Rosânia de Lima Costa, na qual a autora aprofunda o tema tratado neste capítulo.
COSTA, R. de L. **Rotinas trabalhistas**: departamento pessoal modelo de A a Z. 8. ed. São Paulo: Cenofisco, 2019.

Consultando a legislação

Conheça por inteiro o teor das legislações abordadas neste capítulo e que disciplinam os contratos, mais especificamente, os de trabalho.
BRASIL. Lei n. 8.069, de 13 de julho de 1990. **Diário Oficial da União**, Poder Legislativo, Brasília, DF, 16 jul. 1990. Disponível em: <http://www.planalto.gov.br/ccivil_03/leis/l8069.htm>. Acesso em: 20 set. 2022.
BRASIL. Lei n. 10.406, de 10 de janeiro de 2002. **Diário Oficial da União**, Poder Legislativo, Brasília, DF, 11 jan. 2002. Disponível em: <http://www.planalto.gov.br/ccivil_03/leis/2002/l10406.htm>. Acesso em: 20 set. 2022.
BRASIL. Lei n. 11.788, de 25 de setembro de 2008. **Diário Oficial da União**, Poder Legislativo, Brasília, DF, 26 set. 2008. Disponível em: <http://www.planalto.gov.br/ccivil_03/_ato2007-2010/2008/lei/l11788.htm>. Acesso em: 20 set. 2022.
BRASIL. Medida Provisória n. 905, de 11 de novembro de 2019. **Diário Oficial da União**, Poder Executivo, Brasília, DF, 12 nov. 2019c. Disponível em: <https://www.planalto.gov.br/ccivil_03/_ato2019-2022/2019/mpv/mpv905.htm>. Acesso em: 20 set. 2022.

VI

Conteúdos do capítulo:

- » Jornada de trabalho e turnos ininterruptos de revezamento.
- » Intervalos.
- » Remuneração.
- » Faltas, férias e 13º salário.
- » Aviso-prévio e seguro-desemprego.
- » Contribuição previdenciária e FGTS.
- » Folha de pagamento.

Após o estudo deste capítulo, você será capaz de:

1. compreender a jornada de trabalho, com seus intervalos legais;
2. identificar as verbas que compõem a remuneração do empregado;
3. entender o que é aviso-prévio;
4. certificar-se dos direitos relacionados às férias;
5. distinguir a contribuição previdenciária do FGTS;
6. calcular a folha de pagamento.

Da rotina de trabalho propriamente dita

O empregado "vende" sua força de trabalho, ou seja, presta serviços por determinado tempo para seu empregador mediante alguns direitos assegurados pela legislação. Entre esses direitos estão a remuneração, os períodos de descanso, remunerados ou não, bem como a notificação prévia de que seus serviços não mais interessam ao empregador, conhecida como *aviso-prévio*.

Neste capítulo, analisaremos esses institutos e também apresentaremos o cálculo da folha de pagamento, com suas verbas discriminadas.

6.1 Jornada de trabalho

O período ou tempo destinado ao trabalho é, a todo momento, alvo de preocupações. O trabalhador, nesse aspecto, tem conseguido várias vitórias ao longo da história. Antes, ele tinha a obrigação de ficar à disposição do empregador durante as 24 horas do dia. Atualmente, há uma jornada de trabalho mais condizente com a capacidade física e mental do organismo humano, mas que, no pensamento de muitos, ainda não é a ideal.

A Constituição Federal (CF) de 1988 estabelece que a jornada ordinária de trabalho diário não pode exceder a 8 horas e que a jornada semanal não pode ser superior a 44 horas. É o que dispõe seu art. 7º, inciso XIII:

> Art. 7º [...]
> XIII – duração do trabalho normal não superior a oito horas diárias e quarenta e quatro semanais, facultada a compensação de horários e a redução da jornada, mediante acordo ou convenção coletiva de trabalho;
> [...]. (Brasil, 1988)

Essas limitações têm sua razão e estão embasadas em aspectos que variam desde os sociais – para que o obreiro possa ter uma relação familiar e coletiva mais profícua, sobrando-lhe o tempo necessário para seu aperfeiçoamento técnico-profissional – até os biológicos – para que o excesso de trabalho não possa levar o trabalhador à estafa, impossibilitando-o ao labor, o que traria prejuízos não só a ele mesmo, mas também ao empregador. Há também o lado econômico, pois aquele que trabalha excessivamente pode ter sua capacidade produtiva reduzida, além de estar mais propenso a acidentes de trabalho.

Ao lado da previsão do número de horas máximas a serem labutadas, a CF de 1988 possibilita sua compensação e, até mesmo, sua redução, desde que por meio de acordo ou convenção coletivos de trabalho.

Determinadas categorias já conseguiram algumas conquistas em relação à **redução da jornada** de trabalho, como é o caso de bancários e jornalistas. Todavia, para a maioria, esta ainda se mostra como regra.

A compensação de horários consiste na possibilidade de troca de algumas horas trabalhadas a mais por um período igual de descanso ou de horas não trabalhadas, com alguns requisitos. É o chamado *banco de horas.*

Em tese, a jornada diária de trabalho não pode ultrapassar 8 horas. Mas e quando ela for menor, como deverão ser trabalhadas? Nesse particular, não são raras as dúvidas existentes. Cabem, pois, alguns esclarecimentos.

Para uma boa parcela de trabalhadores, a jornada diária de trabalho começa e termina todos os dias nos mesmos horários. Mas existe um tipo de trabalho que demanda turnos distintos de revezamento, visto que a atividade econômica do empregador não pode parar. Quando isso acontecer, essa jornada diária deverá, em princípio, durar no máximo 6 horas, mas pode haver exceções.

O motivo parece bastante evidente, como está claro em outras situações: quanto mais penosa, danosa ou gravosa a atividade do trabalhador, mais "benefícios" ele terá.

6.2 Turnos ininterruptos de revezamento

O turno ininterrupto de trabalho ou de revezamento é organizado de modo que a atividade empresarial não pare. Os obreiros são reunidos em turmas ou grupos de trabalho, uns sucedendo ou rendendo a outros de maneira habitual e contínua, possibilitando a não interrupção do trabalho durante as 24 horas do dia.

Lembramos que qualquer tipo de intervalo dado ou concedido legalmente ao trabalhador não descaracteriza a jornada interrupta de trabalho.

Quando a CF de 1988 garante, em seu art. 7º, inciso XIV, que, por meio de acordo ou convenção coletivos de trabalho, esse período de 6 horas pode ser modificado, abre a possibilidade de que a jornada diária, mesmo sendo em turnos ininterruptos de trabalho, avance para 8 horas.

Seria possível deduzir que as 2 horas trabalhadas a mais seriam pagas como horas extras – dedução que teria bastante lógica –, mas não é assim que ocorre.

> O trabalho em turnos ininterruptos de revezamento é aquele no qual o obreiro não tem um horário fixo, ou seja, labora por **escalas**, por exemplo, em uma semana das 5 horas às 13 horas, na seguinte das 13 horas às 21 horas e, na próxima, das 21 horas às 5 horas. O trabalho pode também ser estendido em 2 horas por dia sem que o trabalhador tenha direito a ser remunerado com horas extraordinariamente trabalhadas, pois serão pagas como horas normais.

Essa é a determinação do egrégio Tribunal Superior do Trabalho (TST), já devidamente sumulada:

> Súmula n. 423 do TST
> TURNO ININTERRUPTO DE REVEZAMENTO. FIXAÇÃO DE JORNADA DE TRABALHO MEDIANTE NEGOCIAÇÃO COLETIVA. VALIDADE. (Conversão da Orientação Jurisprudencial nº 169 da SBDI-1) Res. 139/2006 – DJ 10, 11 e 13.10.2006. Estabelecida jornada superior a seis horas e limitada a oito horas por meio de regular negociação coletiva, os empregados submetidos a turnos ininterruptos de revezamento não têm direito ao pagamento da 7ª e 8ª horas como extras. (Brasil, 2006)

Quando iniciamos nosso estudo, deixamos claro que as normas constitucionais trabalhistas vieram para garantir, sobretudo, os direitos do trabalhador – parte mais frágil na relação de emprego.

Entretanto, perguntamos: Em uma jornada de trabalho em que o obreiro labute em uma semana em um horário, na seguinte em horário diverso e assim por diante, não está automaticamente caracterizada uma atividade prejudicial a ele?

De várias formas está implícito o **prejuízo** ao trabalhador: a convivência social e familiar completamente alterada em razão do desequilíbrio dos horários de sono e de alimentação e, de maneira geral, do comprometimento físico e mental.

Como permitir, então, que se acresçam a essa jornada 2 horas, sem que, com relação a elas, o trabalhador receba remuneração maior? Parece-nos que algo está errado nesse aspecto. Somente para reforçar essa falta de compreensão, trazemos o entendimento do insigne Delgado (2020, p. 855):

> *A prática jurídica tem evidenciado a ocorrência de divergência importante no que tange à aplicação da regra do art. 7º, XIV, da Constituição. Caso o trabalhador*

labore em efetivo turno ininterrupto de revezamento, mas não tenha essa circunstância ainda reconhecida por seu empregador (perfazendo, assim, na verdade, labor diário de 8 horas e 44 horas na semana), que parcela ser-lhe-á devida a título de incidência da jornada especial de 6 horas?

Notamos que, realmente, a situação pode gerar polêmicas discussões, incluindo-se o fato relativo ao valor da hora trabalhada, pois, se for extraordinária, será automaticamente maior.

Perguntas & respostas

Aparados de Ferro e Aço S.A., empresa metalúrgica, mantém sua atividade de produção durante as 24 horas do dia. Seu sistema de trabalho ocorre por turnos ininterruptos, para os quais há três grupos de empregados, escalonados em diferentes períodos dentro da jornada de trabalho. Em uma semana, um grupo labuta pela manhã, em outra, na parte da tarde, e, na seguinte, no período noturno, e assim acontece com todos os grupos. Cada um dos trabalhadores tem uma jornada de trabalho de 8 horas. Você aceitaria ser contratado para integrar um desses grupos de trabalhadores?

Resposta: Desde que tal possibilidade tivesse sido definida por meio de convenção coletiva de trabalho, acreditamos que você concordaria. Ressaltamos que, como regra constitucional, a jornada diária para o sistema de turnos ininterruptos de trabalho é de 6 horas, podendo ser modificada.

6.3 Intervalos

Abordamos o tema *intervalos* na primeira parte desta obra. A legislação prevê vários tipos de intervalos que podem acontecer na relação de emprego. Alguns devem ser remunerados e outros não.

Os intervalos inter e intrajornadas, como regra, não são remunerados, exceto se definidos em acordo ou convenção coletivos de trabalho, como é, por exemplo, o caso dos trabalhadores em câmaras frigoríficas.

Em uma mesma jornada diária de trabalho deve haver o intervalo **intrajornada**, que deverá ser de, no mínimo, 1 hora e de, no máximo, 2 horas se a jornada ultrapassar 6 horas, podendo ser reduzido para até 30 minutos, por meio de acordo ou convenção coletivos de trabalho. Sendo maior do que 4 horas e não excedendo a 6 horas, deverá ser de 15 minutos. É a determinação do art. 71, parágrafo 1º, da Consolidação das Leis do Trabalho (CLT) – Decreto-Lei n. 5.452, de 1º de maio de 1943:

> Art. 71. Em qualquer trabalho contínuo, cuja duração exceda de 6 (seis) horas, é obrigatória a concessão de um intervalo para repouso ou alimentação, o qual será, no mínimo, de 1 (uma) hora e, salvo acordo escrito ou contrato coletivo em contrário, não poderá exceder de 2 (duas) horas.
> § 1º Não excedendo de 6 (seis) horas o trabalho, será, entretanto, obrigatório um intervalo de 15 (quinze) minutos quando a duração ultrapassar 4 (quatro) horas. (Brasil, 1943)

Já entre duas jornadas, o intervalo é **interjornada**, que deverá ser de, no mínimo, 11 horas.

6.4 Remuneração

Tudo aquilo que o empregado recebe como pagamento pelos serviços prestados é chamado de *remuneração*. Nela, estão compreendidos, portanto, desde o salário – que é a parte fixa da remuneração – até os abonos, os adicionais, as gorjetas etc.

6.4.1 Salário

Considerado por muitos como a parte fixa da remuneração, o *salário* é entendido como aquilo que, independentemente de outras verbas, deve ser pago ao trabalhador.

Em regra, deve ser pago em dinheiro, em dia útil e no local de trabalho, durante horário de serviço ou imediatamente após o encerramento deste, salvo quando efetuado por depósito em conta bancária, definido pelo art. 465 da CLT.

Qualquer que seja a modalidade do trabalho, o pagamento do salário não pode ser estipulado por período superior a um mês, salvo no caso de comissões, porcentagens e gratificações. Essa é a determinação do art. 459 da CLT.

Já o art. 458 da CLT possibilita o pagamento também em utilidades; ou seja, o empregador pode pagar parte do salário em alimentação, habitação, vestuário ou outras prestações *in natura*. Lembramos que é proibido qualquer tipo de fornecimento de bebidas alcoólicas ou drogas nocivas como pagamento de salário utilidade.

Ressaltamos que o salário não pode ser pago totalmente em utilidades, porém, mesmo assim, outra exigência legal se apresenta. Ao menos 30% do salário mínimo deve ser pago em dinheiro, e somente a sobra pode ser paga em utilidades. É o comando do art. 82, parágrafo único, da CLT. Para a habitação, podem ser destinados, no máximo, 25% do salário contratual, e, para a alimentação, até o limite de 20%, conforme a regra do art. 458, parágrafo 3º, da CLT.

Algumas utilidades concedidas pelo empregador não serão consideradas salário. Para melhor esclarecer, selecionamos o parágrafo 2º do mesmo artigo da CLT:

> Art. 458. [...]
> [...]
> § 2º Para os efeitos previstos neste artigo, não serão consideradas como salário as seguintes utilidades concedidas pelo empregador:
> I – vestuários, equipamentos e outros acessórios fornecidos aos empregados e utilizados no local de trabalho, para a prestação do serviço;
> II – educação, em estabelecimento de ensino próprio ou de terceiros, compreendendo os valores relativos à matrícula, mensalidade, anuidade, livros e material didático;
> III – transporte destinado ao deslocamento para o trabalho e retorno, em percurso servido ou não por transporte público;
> IV – assistência médica, hospitalar e odontológica, prestada diretamente ou mediante seguro-saúde;
> V – seguros de vida e de acidentes pessoais;
> VI – previdência privada;
> VII – (VETADO)
> VIII – o valor correspondente ao vale-cultura. (Brasil, 1943)

6.4.2 Adicionais

Por *adicional* podemos entender um acréscimo do salário quando o empregado desempenhar suas funções em condições que sejam mais danosas à sua saúde física ou mental.

Nosso ordenamento jurídico obriga o empregador a remunerar tais verbas em, pelo menos, cinco situações.

É de vital importância – e entendemos prudente esclarecer desde já – que, por mais que o empregado esteja executando suas funções em ambientes ou em condições que lhe garantam o recebimento de todos os adicionais adiante tratados, não pode acumular os de insalubridade e de periculosidade entre si, desde que estejam dentro do mesmo fato gerador, tendo de escolher o que lhe for mais adequado.

■ Adicional de horas extras

Sabemos que a jornada ordinária de trabalho diário não pode exceder a 8 horas diárias, podendo, é claro, ser menor. Mas, se ultrapassar esse limite, o que acontece?

> Se o trabalho for desenvolvido após a jornada entendida como ordinária, o empregador deverá remunerar o empregado em valor correspondente a, pelo menos, 50% daquele pago na hora trabalhada normalmente. É a previsão constitucional do **adicional de horas extras**, garantindo esse percentual como mínimo a ser pago. Isso é o que permite – e já é realidade para muitas categorias de trabalhadores – que, por meio de negociações coletivas, esse valor chegue a níveis melhores.

É relevante destacar que, ainda que tenha sido acordado entre as partes ou por negociação coletiva, como regra, as horas trabalhadas extraordinariamente **não podem ultrapassar as 2 horas diárias**, salvo em ocasiões excepcionais em que o trabalho não pode parar, tratados como inadiáveis, casos em que um número maior de horas extras pode ser labutado.

Esclarecemos que, mesmo tendo a legislação firmado que não se pode ultrapassar as 2 horas diárias trabalhadas de maneira extraordinária, se assim acontecer, de qualquer forma terá o obreiro direito a recebê-las com o adicional ora estudado. De acordo com o art. 7º, inciso XVI, da CF de 1988, deve-se pelo trabalho extraordinário a razão de, pelo menos, 50% sobre a hora normal.

Perguntas & respostas

O adicional de horas extras, que tem garantia constitucional, é aquela remuneração que deverá ser paga pelo empregador ao empregado que trabalhar além da jornada normal de trabalho. Tal remuneração deve ser de quanto em relação ao valor da hora ordinária?
Resposta: De, pelo menos, 50% a mais do valor da hora normal.

▌ Adicional noturno

Primeiramente, devemos esclarecer que o período noturno é aquele compreendido entre as 22h de um dia e as 5h do dia seguinte, para o empregado urbano. Já para o trabalhador rural, há uma diferenciação, assim tratada pela Lei n. 5.889, de 8 de junho de 1973, em seu art. 7º:

> Art. 7º Para os efeitos desta Lei, considera-se trabalho noturno o executado entre as vinte e uma horas de um dia e as cinco horas do dia seguinte, na lavoura, e entre as vinte horas de um dia e as quatro horas do dia seguinte, na atividade pecuária. (Brasil, 1973)

Assim, o adicional noturno deve ser de, pelo menos, **20%** sobre o valor da hora diurna para o empregado **urbano**, de acordo com o art. 73 da CLT, e de **25%** sobre a remuneração da hora normal para o empregado **rural**. É a letra do art. 7º, parágrafo único, da Lei n. 5.889/1973.

Cabe frisar que é terminantemente proibido ao menor trabalhar em atividades noturnas, ainda que a hora noturna, por incrível que pareça, não tenha 60 minutos, pois, seguindo a determinação da CLT em seu art. 7º, parágrafo 1º, ela deve ser computada como sendo de 52min30s, mas somente aplicada para os trabalhadores urbanos, não valendo, portanto, para os trabalhadores rurais.

■ Adicional de insalubridade

São consideradas atividades insalubres aquelas que exponham o empregado a condições nocivas à saúde, acima dos limites de tolerância fixados, seja em razão da natureza e da intensidade do agente, seja em razão do tempo de exposição aos seus efeitos.

Esses limites de tolerância durante o trabalho de cada atividade distinta não são determinados pelo empregado ou pelo empregador, mas pelo Ministério do Trabalho e Previdência (MTP), e podem estar dentro dos graus mínimo, médio ou máximo. São previstos graus justamente para que o empregado possa receber tal adicional de insalubridade, dependendo de sua exposição ao agente nocivo.

Se estiver exposto a uma atividade insalubre em grau mínimo, receberá 10%; se em grau médio, receberá 20%; e em grau máximo, 40%. Tudo isso sobre o salário mínimo, de acordo com o art. 192 da CLT.

Lembramos, também, que o menor não pode trabalhar em atividades insalubres.

Perguntas & respostas

Quem determina os graus de insalubridade e seus correspondentes adicionais?

Resposta: Os limites de tolerância aos quais o empregado pode ficar exposto em certas atividades são determinados pelo MTP, que os define em grau mínimo, médio e máximo. Se o empregado encontra-se em alguma dessas situações, deverá receber, respectivamente, balizado pela CLT em seu art. 192, um adicional de 10%, 20% ou 40% sobre o salário mínimo federal. No entanto, o TST já teve entendimento de que deveria ser sobre o valor do salário profissional, em súmula já cancelada.

▪ Adicional de periculosidade

Com relação ao adicional de periculosidade, algumas dúvidas podem pairar. Por exemplo: será que, em toda atividade perigosa executada pelo empregado, ele tem o direito de receber esse adicional? Deveria ser lógica a resposta afirmativa, mas não é bem assim.

A CLT, em seu art. 193, considera **atividades perigosas**, para os efeitos do adicional de periculosidade, aquelas em que o empregado fica exposto a produtos inflamáveis, explosivos ou à energia elétrica, bem como a situações de roubos ou outras espécies de violência física nas atividades profissionais de segurança pessoal ou patrimonial. Também são consideradas perigosas as atividades de trabalhador em motocicleta.

Encontrando-se nessas condições, o empregado terá direito a receber o adicional de 30% sobre seu salário, sem que sejam computados os acréscimos de gratificações, prêmios ou participações nos lucros da empresa. Também aqui essas atividades são proibidas ao menor.

▪ Adicional de transferência

Por fim, o adicional de transferência será da razão de 25% do salário do empregado quando este for transferido em caráter provisório para local distinto de seu domicílio, sendo indevido quando se tratar de transferência em caráter definitivo.

6.4.3 Salário mínimo

A quanto monta o valor mínimo a ser pago ao empregado para que este possa ter uma vida digna, junto à sua prole?

Dar a resposta a essa indagação é praticamente impossível. Entretanto, para nos ajudar, trazemos o ditame constitucional que trata do salário mínimo, assim disposto no art. 7º, inciso IV, como garantia do empregado:

> Art. 7º [...]
> [...]
> IV – salário mínimo, fixado em lei, nacionalmente unificado, capaz de atender a suas necessidades vitais básicas e às de sua família com moradia, alimentação, educação, saúde, lazer, vestuário, higiene, transporte e previdência social, com reajustes periódicos que lhe preservem o poder aquisitivo, sendo vedada sua vinculação para qualquer fim;
> [...]. (Brasil, 1988)

Para alguns, é exemplo de norma programática, mero programa ou diretriz a ser cumprida futuramente. Para outros, é uma tentativa do constituinte em dar ao trabalhador o mínimo de dignidade – um salário mínimo, determinado por lei, com o qual o obreiro possa satisfazer suas necessidades básicas e de sua prole e que lhe permita reservar uma parcela para o lazer, com reajustes periódicos para que não perca seu poder de aquisição em relação àquilo de que precisa. O inciso ainda determina a proibição da vinculação do salário mínimo para qualquer fim.

Independentemente de quanto o trabalhador ganhe mensalmente como contraprestador de sua força de trabalho, essa quantia obrigatoriamente não pode ser inferior ao salário mínimo federal.

Quantas pessoas que conhecemos ganham mensalmente o salário mínimo e conseguem suprir suas necessidades vitais e de sua família dignamente? O que acontece nesses casos? Será que a legislação que deveria atentar e atender aos ditames constitucionais, instituindo e reajustando um salário mínimo, válido para todo o país e que suporte todas as necessidades do obreiro, é inconstitucional?

Essas e outras tantas indagações são feitas todos os dias em todos os lugares – não só pelos trabalhadores, mas por todos aqueles que esperavam a justiça social mediante o preceito constitucional.

Sob essa ótica, alguns poderão imaginar que é praticamente impossível tal norma constitucional ter a eficácia desejada, ser capaz de acolher os anseios daqueles que dela dependem para que possam viver condignamente, embora sempre vivam a esperança de que novos tempos virão.

Por outro prisma, poderão também enxergar os fatos com bastante otimismo. Se analisarmos os reajustes do salário mínimo nos últimos anos, verificaremos que foram sempre acima dos índices inflacionários, proporcionando, automaticamente, não só a permanência do poder aquisitivo, mas o aumento gradual desse poder, mesmo que ainda longe de alcançar seus objetivos.

É importante não confundir o salário mínimo federal com o salário mínimo regional, que, não raro, gera inúmeras interpretações errôneas. Isso será objeto de nossa próxima abordagem.

6.4.4 Piso salarial

Se o salário mínimo federal é o parâmetro estipulado pela CF de 1988, determinando que nenhum trabalhador pode ter sua remuneração menor do que esse valor, o **piso salarial** é aquele valor mínimo a ser pago para os trabalhadores de determinada categoria profissional. Esse índice é avaliado conforme a extensão e a complexidade do trabalho desenvolvido, podendo, assim, ter diferentes valores ou faixas salariais.

Quando trata do salário mínimo, a CF de 1988 afirma que sua instituição deve ser por meio de lei e que deve ser unificado em todo o território nacional, atribuindo sua competência à União. Todavia, sobre o piso salarial não se impõe essa obrigação.

Como pode, então, ser fixado o piso salarial?

Se a CF de 1988 não faz essa imposição, não significa dizer que o piso salarial não possa ser instituído pela lei, mas que pode acontecer por meio de negociações coletivas entre as entidades representativas das categorias envolvidas, tanto profissionais quanto econômicas. Aliás, é o mais recomendável, desde que de maneira responsável.

Cabe aqui um esclarecimento acerca do piso salarial que pode ser instituído pelos estados, sempre por meio de lei, denominado *salário mínimo regional*. A Lei Complementar n. 103, de 14 de julho de 2000 (Brasil, 2000), autoriza os estados e o Distrito Federal a instituírem o piso salarial para as categorias cujo piso não é definido em lei federal ou convenção ou acordo coletivos de trabalho, de acordo com a previsão do art. 22, parágrafo único, da CF de 1988.

> *O piso salarial é o valor mínimo a ser pago pelo empregador ao empregado de determinada categoria profissional, independentemente de como tenha sido criado.*

Alguns estados já adotaram essa possibilidade, fixando, no âmbito de suas atribuições e jurisdições, o piso salarial correspondente às diversas categorias, de certa forma englobando todas as conhecidas.

Esse instituto ficou conhecido como *salário mínimo regional*, pois recomenda que nenhum trabalhador deva ter como remuneração, na área do estado em questão, um valor menor do que o piso previsto para sua classe. Além disso, como dissemos, generaliza todas as classes de trabalhadores, surgindo daí as dificuldades de entendimento e as interpretações indevidas.

Novamente, deixamos claro que o salário mínimo federal tem validade em todo o território nacional e que o salário mínimo regional – ou piso salarial –, instituído pelos estados, somente tem razão de ser para aquelas categorias cujo piso não é determinado por lei federal, convenção ou acordo coletivos de trabalho. Se dessa maneira tiver sido instituído, assim deverá ser considerado, mesmo que seja menor do que o previsto pelo estado, mas nunca menor que o mínimo federal.

Sobre o piso salarial, assim explica Nascimento (2014, p. 831, grifo do original):

> *podem os sindicatos negociar por convenção coletiva ou obter por sentença em dissídio coletivo um piso salarial, que é uma forma de salário mínimo, caso em que será o mínimo que pode ser pago à categoria de trabalhadores representada pelo sindicato, cujas normas coletivas preveem* **piso salarial**.

Assim, o piso salarial é o valor mínimo a ser pago pelo empregador ao empregado de determinada categoria profissional, independentemente de como tenha sido criado.

6.5 Faltas

É claro que a obrigação maior do empregado é cumprir o acordado e trabalhar em horários e jornadas preestabelecidos. Às vezes, porém, pode acontecer de ter de se ausentar do trabalho.

Como observamos, seria muito difícil para o empregado se, em todas as situações em que precisasse faltar ao trabalho, o empregador pudesse descontar os dias não trabalhados. Foi com esse pensamento que o legislador determinou que, em algumas situações de falta ao trabalho, o empregado pode justificá-las, não tendo, portanto, qualquer prejuízo financeiro. Vejamos os detalhes a seguir.

6.5.1 Faltas justificadas

As faltas justificadas ou justificáveis são aquelas situações em que o empregado se encontra impossibilitado de comparecer ao trabalho, mas que, devidamente comprovadas, não podem gerar descontos pelo empregador em relação aos dias não trabalhados.

Mas em que situação o empregado pode faltar ao trabalho sem que tenha o dia de falta descontado? No falecimento de algum parente? No casamento do melhor amigo? No caso de precisar levar o filho doente ao médico? O marido poderá acompanhar a esposa grávida em consulta médica?

Especialmente com relação às duas últimas questões, a Lei n. 13.257, de 8 de março de 2016 (Brasil, 2016), acresceu os incisos X e XI ao art. 473 da CLT e a Medida Provisória (MP) n. 1.116, de 4 de maio de 2002 (Brasil, 2002b), alterou o inciso X, assim garantindo:

> Art. 473. [...]
> [...]
> X – dispensa do horário de trabalho pelo tempo necessário para acompanhar sua esposa ou companheira em até seis consultas médicas, ou exames complementares, durante o período de gravidez; (Redação dada pela Medida Provisória n° 1.116, de 2022)
> XI – por 1 (um) dia por ano para acompanhar filho de até 6 (seis) anos em consulta médica.
> [...]
> Parágrafo único. O prazo a que se refere o inciso III do **caput** será contado a partir da data de nascimento do filho.
> (Incluído pela Medida Provisória n° 1.116, de 2022). (Brasil, 1943, grifo do original)

A Lei n. 13.257/2016 nada mais fez do que assegurar o entendimento do TST já previsto no Precedente Normativo (PN) n. 95 do TST:

> Nº 95
> ABONO DE FALTA PARA LEVAR FILHO AO MÉDICO (positivo)
> Assegura-se o direito à ausência remunerada de 1 (um) dia por semestre ao empregado, para levar ao médico filho menor ou dependente previdenciário de até 6 (seis) anos de idade, mediante comprovação no prazo de 48 horas.
> (Brasil, 1998b)

Também a Lei n. 13.767, de 18 de dezembro de 2018, trouxe mais um inciso ao art. 473 da CLT: "XII – até 3 (três) dias, em cada 12 (doze) meses de trabalho, em caso de realização de exames preventivos de câncer devidamente comprovada" (Brasil, 2018).

Além dos incisos X, XI e XII já citados, a CLT traz um rol de situações em seu art. 473 que dão ao empregado o direito de faltar ao trabalho sem que lhe seja descontado qualquer valor:

> Art. 473. O empregado poderá deixar de comparecer ao serviço sem prejuízo do salário:
> I – até 2 (dois) dias consecutivos, em caso de falecimento do cônjuge, ascendente, descendente, irmão ou pessoa que, declarada em sua carteira de trabalho e previdência social, viva sob sua dependência econômica;
> II – até 3 (três) dias consecutivos, em virtude de casamento;
> III – por cinco dias consecutivos, em caso de nascimento de filho; (Redação dada pela Medida Provisória nº 1.116, de 2022)
> IV – por um dia, em cada 12 (doze) meses de trabalho, em caso de doação voluntária de sangue devidamente comprovada;
> V – até 2 (dois) dias consecutivos ou não, para o fim de se alistar eleitor, nos termos da lei respectiva;
> VI – no período de tempo em que tiver de cumprir as exigências do Serviço Militar referidas na letra "c" do art. 65 da Lei nº 4.375, de 17 de agosto de 1964 (Lei do Serviço Militar);

> VII – nos dias em que estiver comprovadamente realizando provas de exame vestibular para ingresso em estabelecimento de ensino superior;
> VIII – pelo tempo que se fizer necessário, quando tiver que comparecer a juízo;
> IX – pelo tempo que se fizer necessário, quando, na qualidade de representante de entidade sindical, estiver participando de reunião oficial de organismo internacional do qual o Brasil seja membro. (Brasil, 1943)

É importante esclarecer que, em relação ao inciso III, o trabalhador homem poderá faltar até 5 dias quando do nascimento de seu filho, de acordo com o art. 10 do Ato das Disposições Constitucionais Transitórias (ADCT): "§ 1º Até que a lei venha a disciplinar o disposto no art. 7º, XIX, da Constituição, o prazo da **licença-paternidade** a que se refere o inciso é de cinco dias" (Brasil, 1988, grifo nosso). Tal situação foi atualizada na CLT pela MP 1.116/2022. Ao mesmo tempo, esse prazo poderá ser prorrogado por mais 15 dias, de acordo com a disposição do inciso II, art. 1º, da Lei n. 11.770, de 9 de setembro de 2008, que cria o Programa Empresa Cidadã:

> Art. 1º É instituído o Programa Empresa Cidadã, destinado a prorrogar:
> I – por 60 (sessenta) dias a duração da licença-maternidade prevista no inciso XVIII do *caput* do art. 7º da Constituição Federal;
> II – por 15 (quinze) dias a duração da licença-paternidade, nos termos desta Lei, além dos 5 (cinco) dias estabelecidos no § 1º do art. 10 do Ato das Disposições Constitucionais Transitórias. (Brasil, 2008a)

Aproveitando o inciso I, transcrito na citação, lembramos que a **licença-maternidade** prevista constitucionalmente no art. 7º, inciso XVIII, é de 120 dias, podendo ser prorrogada por mais 60 dias.

As prorrogações das licenças maternidade e paternidade não são obrigatórias e somente serão possíveis se o empregador for pessoa jurídica e aderir ao Programa Empresa Cidadã, que lhe concederá incentivos fiscais.

Contudo, na legislação esparsa, podem existir outras possibilidades de faltas justificadas. Se não existir tal previsão, é prerrogativa do empregador descontar ou não o dia não trabalhado e não justificado.

Citamos mais alguns exemplos de faltas que podem ser justificadas:

» no caso de licença-maternidade ou aborto não criminoso, desde que observados os requisitos para a percepção do salário-maternidade custeado pela Previdência Social;
» quando houver paralisação das atividades por motivo exclusivo do empregador;
» nos casos de auxílio-doença nos primeiros 15 dias, em que não haverá trabalho e a remuneração deverá ser paga pelo empregador;
» em qualquer situação de licença remunerada;
» em situação particular relativa ao professor, o qual, por motivo de gala ou de luto em consequência de falecimento do cônjuge, do pai ou da mãe ou de filho, poderá faltar por 9 dias.

6.5.2 Faltas não justificadas

As faltas injustificáveis (ou não justificadas) são aquelas que não têm qualquer amparo, seja pela legislação, seja pelas convenções ou pelos acordos coletivos, dando o direito ao empregador de descontar os dias não trabalhados, o que ocasiona outros reflexos.

De imediato, trazemos a previsão do art. 6º da Lei n. 605, de 5 de janeiro de 1949, que trata do descanso semanal remunerado e determina: "Não será devida a remuneração quando, sem motivo justificado, o empregado não tiver trabalhado durante toda a semana anterior, cumprindo integralmente o seu horário de trabalho" (Brasil, 1949).

Quando o legislador inseriu a expressão "durante toda a semana anterior", deixou claro que, para ser possível ao empregado ter um dia de descanso remunerado, obrigatoriamente terá de trabalhar de forma integral a semana que antecedeu esse descanso. Ora, se pelo menos um dia não foi trabalhado, muito menos justificado, perde o empregado, por conseguinte, o repouso semanal remunerado.

Há outra peculiaridade: Será que as faltas constantes do empregado, sem as correspondentes justificativas, podem ensejar dispensa por justa causa?

Sem adiantar essa discussão, pois as figuras de justa causa serão tratadas no próximo capítulo, entendemos que cabe aqui um esclarecimento. No rol dos motivos de justa causa, que são aqueles que dão oportunidade ao empregador de extinguir o contrato de trabalho por falta grave do empregado, encontra-se a **desídia**. Em bom português e particularmente pela legislação trabalhista, ela pode ser entendida, entre outros sentidos, como negligência, preguiça, desleixo ou descaso.

Igualmente, as faltas injustificadas e constantes também podem caracterizar o **abandono de emprego**.

> *Ora, se pelo menos um dia não foi trabalhado, muito menos justificado, perde o empregado, por conseguinte, o repouso semanal remunerado.*

É bem verdade que são situações com interpretação bem subjetiva. A lei não é determinante quanto a essa configuração, e o mais sensato é atender à orientação da doutrina e da jurisprudência, no sentido de dar oportunidade ao empregado de se redimir, advertindo-o e, até mesmo, em uma sequência lógica, suspendendo-o. Somente e quando não existir outra solução, deve-se optar pela dispensa motivada pela falta grave, conforme, é claro, as recomendações que veremos em breve.

6.6 Férias

Se alguém já trabalhou bastante, merece um período de férias? Para que servem as férias? O trabalhador ganha "algo mais" para poder gozar suas férias? Qualquer trabalhador é merecedor de férias, independentemente do período trabalhado?

Assegurado pela CF de 1988, temos novamente mais um período de descanso remunerado, mas agora com um adicional. É o que garante o inciso XVII do art. 7º da Lei Maior, ao afirmar que o trabalhador tem direito a gozar de férias **anuais**, recebendo ainda e, pelo menos, um terço a mais de seu salário normal.

Qualquer período concedido ao descanso do obreiro é para que dele faça uso no sentido de repor suas energias, ter um convívio maior com sua família e sua coletividade, desvinculando-se por completo dos afazeres laborais.

Nesse sentido, Delgado (2020, p. 914) expõe: "As férias atendem, inquestionavelmente, a todos os objetivos justificadores dos demais intervalos e descansos trabalhistas, quais sejam, metas de saúde e segurança laborativas e de reinserção familiar, comunitária e política do trabalhador".

Com todos esses objetivos, as férias são garantias constitucionais, assegurando ao trabalhador, no art. 7º, inciso XVII, o "gozo de férias anuais remuneradas com, pelo menos, um terço a mais do que o salário normal" (Brasil, 1988).

Durante um período de até 30 dias, o empregado estará ausente do trabalho e, assim mesmo, terá garantido seu salário. Falamos em até 30 dias porque, dependendo de alguns fatores, esse período poderá ser menor. Por exemplo: se o empregado, no período aquisitivo – que é anual –, tiver mais do que 5 faltas injustificadas, o tempo destinado às férias será menor. Assim define o art. 130 da CLT:

> Art. 130. Após cada período de 12 (doze) meses de vigência do contrato de trabalho, o empregado terá direito a férias, na seguinte proporção:
>
> I – 30 (trinta) dias corridos, quando não houver faltado ao serviço mais de 5 (cinco) vezes;
>
> II – 24 (vinte e quatro) dias corridos, quando houver tido de 6 (seis) a 14 (quatorze) faltas;
>
> III – 18 (dezoito) dias corridos, quando houver tido de 15 (quinze) a 23 (vinte e três) faltas;
>
> IV – 12 (doze) dias corridos, quando houver tido de 24 (vinte e quatro) a 32 (trinta e duas) faltas.
>
> § 1º É vedado descontar, do período de férias, as faltas do empregado ao serviço.
>
> § 2º O período das férias será computado, para todos os efeitos, como tempo de serviço. (Brasil, 1943)

Outra situação que pode ocorrer, devidamente legal, é a possibilidade de o empregado "vender" parte de suas férias, sendo essa porção de, no máximo, 10 dias, o que significa um terço do total.

O direito às férias anuais remuneradas já havia sido consolidado nas Constituições anteriores. A grande novidade trazida pela CF de 1988 é que o empregador tem a obrigatoriedade de recompensar o empregado, além de seu salário normal, com determinado adicional, podendo, ainda, transformar um terço de suas férias em remuneração.

Parece confuso? Será que dissemos a mesma coisa duas vezes?

Em ambas as situações, o período é de um terço, mas seus institutos são totalmente distintos.

Na hipótese em que se transforma em remuneração uma parte de suas férias, tendo de trabalhar o período acordado, trata-se de **abono pecuniário**, também chamado de *abono de férias*. É uma situação que pode apresentar-se e é devidamente legal, ou seja, há a possibilidade de "venda" de parte das férias, no máximo 10 dias, correspondendo a um terço do total.

A outra é a garantia constitucional que o empregado deve receber para poder gozar suas férias com maior tranquilidade, independentemente de ter cedido parte destas, o que é o **terço constitucional**.

E quando o direito às férias pode ser exercido pelo funcionário? Tem direito adquirido a 30 dias de férias aquele empregado que tenha trabalhado durante um ano. Contudo, é prerrogativa do empregador conceder essas férias no período que entenda mais interessante aos seus negócios.

As férias devem ser concedidas em um único período, podendo, excepcionalmente, ser em três períodos para alguns trabalhadores, respeitando-se, para todos os efeitos, o mínimo de 14 dias corridos para um dos períodos e de 5 dias corridos para os dois outros – é a alteração trazida pela Lei n. 13.467/2017.

Por isso mesmo existem, nesse particular, dois períodos distintos. O primeiro é o período **aquisitivo**, anteriormente abordado. O segundo é o período **concessivo**, que se inicia no primeiro dia após o período aquisitivo, quando terá o empregador um ano para conceder as férias. Se assim não acontecer, incide sobre o empregador uma multa pecuniária no mesmo valor do que deveria receber o empregado se, no tempo certo, tivesse gozado suas férias – recebendo este, portanto, duas vezes essa importância.

Já esclarecemos que qualquer período concedido ao descanso do obreiro é para que dele faça uso no sentido de repor suas energias, ter um convívio maior com sua família e sua coletividade, desvinculando-se por completo dos afazeres laborais.

As férias não são diferentes. O empregado estará ausente do trabalho durante um período de até 30 dias e, assim mesmo, terá garantido seu salário.

Perguntas & respostas

Você labutou durante um ano inteiro para seu empregador, sem ter faltado um dia sequer ao serviço. No 13º mês de trabalho, perguntou ao seu empregador quando gozaria suas férias, adiantando sua intenção de "vender" 10 dias. A resposta foi que, no momento oportuno, elas seriam concedidas. Passados 3 meses, o empregador comunicou que, no mês seguinte, concederia-lhe férias, fazendo-o assinar o aviso correspondente. Dois dias antes do começo de suas férias, você foi chamado a comparecer ao setor de recursos humanos (RH) da empresa, quando recebeu o valor referente a suas férias, acrescido dos 10 dias que reverteu em remuneração, além de um terço sobre o total. Perguntamos: seu empregador pagou errado e em duplicidade o valor dos 10 dias vendidos, uma vez que este é conhecido como *adicional de férias*?

Resposta: O empregador pagou corretamente, pois o acréscimo de um terço, conhecido como *adicional de férias*, é garantia constitucional. É a quantia paga para que o empregado possa gozar suas férias sem a necessidade de comprometer seu salário. Não pode, em hipótese alguma, ser descontado do empregado.

6.7 13º salário

Com o 13º salário, uma nova segurança constitucional se apresenta ao trabalhador. A CF de 1988 garante ao obreiro, em seu art. 7º, inciso VIII, um "décimo terceiro salário com base na remuneração integral ou no valor da aposentadoria" (Brasil, 1988).

Por mera liberalidade, muitos empregadores já tinham o costume de fornecer a seus empregados, no final de cada ano, uma gratificação pelos trabalhados realizados no decorrer do ano que se encerrava e também para que as festas que se apresentavam próximas, especialmente o Natal, pudessem ser comemoradas pelo empregado e sua família com maior tranquilidade. Por essa razão, o 13º salário também é denominado *gratificação natalina* (Nascimento, 2014).

Normalmente, essa gratificação era feita com cesta de alimentos, e não necessariamente relacionados à comemoração natalina. As ratificações, literalmente, vêm do sentido de "gratificar", "retribuir" a alguém por alguma coisa que tenha feito e, normalmente, são espontâneas.

Em virtude dessa tradição, o legislador, por meio da Lei n. 4.090, de 13 de julho de 1962 (Brasil, 1962), criou a gratificação natalina, tornando-a obrigatória, fazendo com que a cesta de alimentos se transformasse em numerário. Hoje, essa gratificação é tratada como *13º salário*.

O pagamento dessa gratificação, conforme previsão da citada lei, deve ser no mês de dezembro de cada ano, integralmente ou fracionado, de acordo com os meses trabalhados.

Assim reiteram Paulo e Alexandrino (2013):

> *O valor do décimo terceiro salário corresponde ao valor da remuneração mensal percebida no mês de dezembro. Para o empregado que não trabalhou o ano todo o seu valor é proporcional aos meses de serviço, na ordem de 1/12 por mês, considerando-se a fração igual ou superior a 15 dias como mês inteiro, desprezando-se a fração menor.*

Todavia, foram muitas as reivindicações dos empregadores no sentido de facilitar esse pagamento, afinal, no mês de dezembro, eles deveriam desembolsar dois salários a cada empregado, além dos encargos sociais. Isso certamente traria um transtorno em seu fluxo de caixa. Assim, a Lei n. 4.749, de 12 de agosto de 1965 (Brasil, 1965), possibilitou ao empregador o pagamento do 13º salário em duas parcelas.

A primeira parcela, que deve corresponder a 50% do salário recebido pelo empregado no mês anterior, pode ser paga entre os meses de fevereiro e novembro, de uma só vez. A segunda deve ser paga, impreterivelmente, até o dia 20 de dezembro.

6.8 Aviso-prévio

Quando o aviso-prévio é devido? O aviso-prévio é dado somente pelo empregador ao empregado?

Temos aqui, a nosso ver, uma proteção direta não só ao empregado, mas também ao empregador, fazendo com que a relação de emprego instalada anteriormente se conserve até o final mediante respeito mútuo.

> *A jornada de trabalho no período do aviso-prévio será diferenciada daquela até então trabalhada pelo empregado, sendo reduzida em 2 horas diárias.*

Aviso-prévio é sinônimo de remuneração? A remuneração deve ser paga pelo empregador? Nem sempre. Vejamos.

O aviso-prévio pode caracterizar-se, ou concretizar-se, por diversas formas. Entretanto, acima de tudo, trata-se de uma comunicação dada por um dos sujeitos da relação laboral ao outro, com antecedência, no sentido de declarar sua vontade em não mais continuar com o contrato firmado por ambos, dando-lhe certo prazo para suprir suas necessidades que possam advir dessa ruptura contratual. No dizer de Delgado (2020, p. 1.119):

> *é instituto de natureza multidimensional, que cumpre as funções de declarar à parte contratual adversa a vontade unilateral de um dos sujeitos contratuais no sentido de romper, sem justa causa, o pacto, fixando, ainda, prazo tipificado para a respectiva extinção, com o correspondente pagamento do período do aviso.*

É o prazo para que o empregador possa encontrar um funcionário que desempenhe aquela atividade antes ocupada por outro; é também o prazo para o empregado poder procurar e encontrar outro serviço.

Em seu art. 487, a CLT determina que, se não houver qualquer outro prazo estipulado, a parte que quiser rescindir o contrato sem justo motivo deverá avisar a outra com a antecedência mínima de 8 dias, se o pagamento do salário for por semana ou por tempo menor, e de 30 dias para aqueles que receberem o salário por quinzena ou mensalmente, e para aqueles que tenham mais de 12 meses de serviço na empresa.

Continua o diploma legal laboral prevendo que a jornada de trabalho no período do aviso-prévio será **diferenciada** daquela até então trabalhada pelo empregado, sendo reduzida em 2 horas diárias.

> Art. 488. O horário normal de trabalho do empregado, durante o prazo do aviso, e se a rescisão tiver sido promovida pelo empregador, será reduzido de 2 (duas) horas diárias, sem prejuízo do salário integral.
> Parágrafo único. É facultado ao empregado trabalhar sem a redução das 2 (duas) horas diárias previstas neste artigo, caso em que poderá faltar ao serviço, sem prejuízo do salário integral, por 1 (um) dia, na hipótese do inciso I, e por 7 (sete) dias corridos, na hipótese do inciso II do art. 487 desta Consolidação. (Brasil, 1943)

Ressaltamos que a opção de se transformar a redução de 2 horas diárias em dias corridos ao final do prazo do aviso é prerrogativa do trabalhador e **não pode**, em hipótese alguma, **ser imposta pelo empregador**.

Também é válido esclarecer que essa redução da jornada diária somente acontecerá quando o aviso-prévio for de iniciativa do empregador. Se for do empregado, este terá de cumprir a jornada normal de trabalho.

É bem verdade que nenhum dos sujeitos da relação de emprego precisa, obrigatoriamente, permanecer com o outro durante o período de aviso-prévio.

Como assim? Ora, é simples.

Aquele que notificou com antecedência o outro de sua vontade de não mais permanecer com a relação laboral indeniza a outra parte e libera-se do convívio pelo prazo antes visto. É a leitura que fazemos dos parágrafos 1º e 2º do art. 487 da CLT:

> Art. 487. [...]
> § 1º A falta do aviso prévio por parte do empregador dá ao empregado o direito aos salários correspondentes ao prazo do aviso, garantida sempre a integração desse período no seu tempo de serviço.

> § 2º A falta de aviso prévio por parte do empregado dá ao empregador o direito de descontar os salários correspondentes ao prazo respectivo. (Brasil, 1943)

É também possível a reconsideração do aviso-prévio por parte daquele que o proporcionou. Se aceita pela outra parte, prosseguirá o contrato de trabalho normalmente, como se nada tivesse acontecido; no entanto, esse aceite é faculdade da parte contrária, e não obrigação.

Outra peculiaridade do aviso-prévio é a trazida pela Lei n. 12.506, de 11 de outubro de 2011, a qual, além de reafirmar, em seu art. 1º, que "será concedido na proporção de 30 (trinta) dias aos empregados que contem até 1 (um) ano de serviço na mesma empresa", determina em seu parágrafo único: "Ao aviso prévio previsto neste artigo serão acrescidos 3 (três) dias por ano de serviço prestado na mesma empresa, até o máximo de 60 (sessenta) dias, perfazendo um total de até 90 (noventa) dias" (Brasil, 2011b).

Para elucidar um pouco mais essa nova determinação legal, trazemos a lição de Carrion (2022, p. 462):

> *A nova lei, L.12.506/11 [...], que vem regulamentar o aviso prévio proporcional, previsto na CF/88, art. 7º, XXI, depois de 23 anos de sua edição, fala em direito do empregado, e não em reciprocidade. O empregado tem direito ao aviso prévio de 30 dias mais 3 dias por ano trabalhado. A lei não fala em direito do empregador, portanto, devemos utilizar o prazo de 30 dias (CLT, art. 487, II) quando é o empregado que rescinde o contrato.*

Trocando em miúdos, vamos entender que, além dos 30 dias já existentes para o aviso-prévio, deverão ser somados três dias a cada ano trabalhado. Mas há um teto de 60 dias que, somado ao prazo já existente, poderá perfazer um total de 90 dias.

É assim a jurisprudência do TST:

> RECURSO DE REVISTA – AVISO PRÉVIO PROPORCIONAL – CONTAGEM. A Lei nº 2.506/2011, ao instituir o aviso prévio proporcional ao tempo de serviço, fixou a proporcionalidade como direito dos empregados, a partir de um ano completo de serviço, à base de três dias por ano de serviço prestado na mesma entidade empregadora até o máximo de 60 (sessenta) dias de proporcionalidade, perfazendo um total de 90 (noventa) dias. [...]. O acórdão recorrido está conforme a Súmula nº 428, item II, do TST. Recurso de Revista conhecido parcialmente e desprovido. (TST – RR: 908-45.2013.5.18.0141. Relator Desembargador Convocado: João Pedro Silvestrin, 8ª Turma Data de Julgamento: 25/02/2015, Data de Publicação: DEJT 27/02/2015). (Brasil, 2015g)

Salientamos que essa proporcionalidade somente acontece quando o aviso-prévio é dado pelo empregador ao empregado. Quando é o empregado quem comunica o empregador, o prazo continua sendo de 30 dias.

Perguntas & respostas

O aviso-prévio proporcional ao tempo de serviço é previsão constitucional que, em outras palavras, refere-se a uma comunicação dada por um dos sujeitos da relação laboral ao outro no sentido de informá-lo com antecedência de que não quer mais continuar com aquela relação, concedendo-lhe determinado tempo para que possa suprir essa necessidade. Sobre o aviso-prévio, é correto afirmar que esse procedimento é sempre obrigação do empregador?

Resposta: Não. O aviso-prévio proporcional ao tempo de serviço é uma comunicação antecipada dada por uma parte da relação trabalhista à outra, com o prazo mínimo de 30 dias, informando-lhe que não mais pretende continuar com a relação laboral. Os dois sujeitos do contrato de trabalho se obrigam ao aviso-prévio, e aquele que assim não o fizer deverá indenizar o outro.

6.9 Contribuição previdenciária

A seguridade social como gênero, da qual fazem parte a saúde, a assistência social e a Previdência Social, é custeada por toda a sociedade e também pelo Estado. É a norma constitucional prevista no art. 195: "A seguridade social será financiada por toda a sociedade, de forma direta e indireta, nos termos da lei, mediante recursos provenientes dos orçamentos da União, dos Estados, do Distrito Federal e dos Municípios, e das seguintes contribuições sociais [...]" (Brasil, 1988).

Nesse particular, ou seja, no que se refere às contribuições mencionadas nesse artigo, abordaremos somente o que é encargo do empregado, porque, com relação ao empregador, um estudo mais profundo teria de ser feito, visto que suas obrigações relativas às contribuições sociais podem variar, dependendo de vários aspectos, incluindo-se seu regime tributário.

Já o empregado tem a sua parcela de contribuição fixada conforme a tabela a seguir, condizente com sua remuneração mensal. Esses valores são reajustados anualmente.

Tabela 6.1 – Tabela de contribuição do segurado* empregado, empregado doméstico e trabalhador avulso 2022

Salário de contribuição	Alíquota
Até R$ 1.212,00 (salário mínimo)	7,5%
De R$ 1.212,01 a R$ 2.427,35	9%
De R$ 2.427,36 a R$ 3.641,03	12%
De R$ 3.641,04 a R$ 7.087,22**	14%

*Alíquotas para trabalhadores do setor privado.
**Teto INSS.

Fonte: Brasil, 2022.

Esses valores são retidos de imediato na folha de pagamento, tendo o empregador a obrigação de fazer o repasse para o Instituto Nacional do Seguro Social (INSS).

6.10 Folha de pagamento

O trabalhador que labuta durante um mês inteiro, às vezes trabalhando em atividades mais prejudiciais à sua saúde física ou mental, merece receber pelos serviços realizados.

Ele deve receber sua remuneração totalmente discriminada, cada verba em uma rubrica distinta, para não caracterizar o salário complessivo, isto é, aquele que é pago sem qualquer discriminação ou explicação sobre o que se está recebendo, sendo proibido por lei.

Para tratar da folha de pagamento, entendemos ser mais didático trazer a resolução de um caso específico, inserindo alguns assuntos deste capítulo e, também, de nossa obra como um todo.

Exercício resolvido

José dos Anzóis Carapuça trabalha há 15 meses para seu empregador, a empresa Fabricamos e Comercializamos Ltda. Ele recebe mensalmente salário no valor de R$ 1.900,00, que é o piso salarial de sua categoria. Desempenha sua atividade em situação de insalubridade, já determinada pela Delegacia Regional do Trabalho (DRT) como de grau máximo, visto que trabalha com material inflamável. Sua jornada diária de trabalho é de segunda-feira a sexta-feira, das 17h às 24h. Todos os meses ele trabalha algumas horas extras, devidamente acordadas entre as partes. No dia 1º do mês de abril, recebeu o aviso de férias com as informações pertinentes, informando-lhe que em 30 dias iniciariam suas férias. José já havia informado seu empregador de que gostaria de transformar em remuneração 10 dias das férias.

Vamos calcular a folha de pagamento? Para tanto, é preciso:
» calcular a folha de pagamento do mês anterior ao do pagamento das férias (mês normal), com 15 horas extras;
» calcular a folha de pagamento do mês atual com o pagamento das férias e demais verbas, também com 15 horas extras;
» elaborar o recibo de férias.

Obs. 1: fique atento aos adicionais de insalubridade, de periculosidade e noturno, bem como aos intervalos intrajornadas, ao descanso semanal remunerado (DSR) e às demais verbas.

Obs. 2: você poderá utilizar a tabela para a contribuição previdenciária constante neste capítulo e a tabela para o Imposto de Renda, que apresentamos a seguir.

Tabela A – Tabela de incidência mensal do Imposto de Renda a partir do mês de abril do ano-calendário de 2015

Base de cálculo (R$)	Alíquota (%)	Parcela a reduzir do IRPF (R$)
Até 1.903,98	–	–
De 1.903,99 até 2.826,65	7,5	142,80
De 2.826,66 até 3.751,05	15	354,80
De 3.751,06 até 4.664,67	22,5	636,13
Acima de 4.664,68	27,5	869,36

Fonte: Brasil, 2015c.

Folha de pagamento do mês de abril/2022

Salário R$ 1.900,00 (30 dias)

Adicional de periculosidade

Base de cálculo: salário 1.900,00 × 30% = R$ 570,00

Hora extra 50% sobre 15 horas + DSR

Base de cálculo da hora extra: 1.900,00 (salário-base) + 570,00 (adicional de periculosidade)

Base de cálculo: 2.470,00/220 = 11,23 + 5,61 (50% da hora) = 16,84 × 15 horas = R$ 252,60

Base de cálculo DSR: 252,60 (total das horas extras)/26 dias úteis × 4 dias não úteis = R$ 38,86

Adicional noturno de 20% sobre 44 horas (22 dias úteis × 2) + DSR

Base de cálculo adicional noturno: 1.900,00 (salário-base)/220 × 20% = 1,73 × 44 horas = R$ 76,12

Base de cálculo DSR: 76,12 (total das horas noturnas)/26 dias úteis × 4 dias não úteis = R$ 11,71

Tabela B – Folha de pagamento de abril de 2022

Verbas	Proventos	Descontos
Salário 30 dias	1.900,00	
Adicional de periculosidade 30%	570,00	
Hora extra 50% (15 horas)	252,60	
DSR hora extra (26/04)	38,86	
Adicional noturno 20% (44 horas)	72,12	
DSR adicional noturno (26/04)	11,71	
Contribuição para o INSS 7,5%		90,90
Contribuição para o INSS 9%		61,92
Total de proventos	2.845,29	
Total de descontos		152,82
Líquido a receber	**2.692,47**	

Folha de pagamento do mês de maio/2022

Salário R$ 61,29 (1 dia)

Base de cálculo: salário 1.900,00/31 × 11 = R$ 674,19

A diferença (10 dias) se deve pela venda das férias.

Adicional de periculosidade

Base de cálculo: salário 1.900,00 × 30% = 570,00/31 × 11 = R$ 202,25

A diferença é devida em razão da venda das férias.

Hora extra de 50% sobre 15 horas + DSR

Base de cálculo hora extra: 1.900,00 (salário base) + 570,00 (adicional de periculosidade)

Base de cálculo: 2.470,00/220 = 11,23 + 5,61 (50% da hora) = 16,84 × 15 horas = R$ 252,60

Base de cálculo DSR: 252,60 (total das horas extras) / 25 dias úteis × 6 dias não úteis = R$ 60,62

Adicional noturno de 20% sobre 44 horas (22 dias úteis × 2) + DSR

Base de cálculo do adicional noturno: 1.900,00 (salário-base)/220 × 20% = 1,73 × 46 horas = R$ 79,58

Base de cálculo do DSR: 50,14 (total das horas noturnas) / 25 dias úteis × 6 dias não úteis = R$ 19,10

Tabela C – Folha de pagamento de maio de 2020

Verbas	Proventos	Descontos
Salário 11 dias	674,19	
Adicional de periculosidade 30%	202,25	
Hora extra 50% (15 horas)	252,60	
DSR hora extra (25/06)	60,62	
Adicional noturno 20% (44 horas)	79,58	
DSR adicional noturno (25/06)	19,10	
Contribuição para o INSS 7,5%		90,90
Contribuição para o INSS 9%		109,38
Contribuição para o INSS 12%		118,28
IRRF 15%		109,38
Férias – 20 dias	1.225,81	
Integração do adicional de periculosidade às férias sobre 20 dias	367,74	
1/3 férias sobre 20 dias	531,18	
Abono pecuniário 10 dias	612,90	
Integração do adicional de periculosidade às férias sobre 10 dias	183,87	
1/3 férias sobre 10 dias	265,59	
Adiantamento de férias		3.014,04
Total de proventos	4.475,43	
Total de descontos		3.441,98
Líquido a receber	**1.033,45**	

Tabela D – Recibo de férias

Férias 20 dias	1.225,81
Integração adicional de periculosidade sobre férias – 20 dias	367,74
1/3 férias sobre 20 dias	531,18
Contribuição para o INSS sobre férias 7,5 %	–90,90
Contribuição para o INSS sobre férias 9 %	–82,15
Abono pecuniário 10 dias	612,90
Integração adicional de periculosidade sem férias – 10 dias	183,87
1/3 férias sobre 10 dias	265,59
Total a receber	**3.014,04**

É importante esclarecer que o valor da contribuição para o INSS destacado no recibo de férias é uma simples estimativa, pois seu cálculo correto e efetivo ocorrerá diretamente na folha de pagamento mensal, como apresentado anteriormente. Além disso, a partir de 2020, os cálculos não são mais realizados mediante aplicação direta do percentual da tabela, mas sim aplicando-se o percentual previsto em cada faixa, deduzindo-se o valor anterior para o cálculo sobre a nova faixa, e, ao final, somando-se todos os valores encontrados por faixa, como já era feito para a apuração do Imposto de Renda da Pessoa Física.

6.11 Seguro-desemprego

A rescisão contratual já aconteceu e suas causas já foram estudadas no Capítulo 2 deste livro. Então, perguntamos: o empregado é merecedor do seguro-desemprego, independentemente da forma como aconteceu a rescisão?

Existem algumas **regras** para que o empregado tenha a possibilidade de usufruir do seguro-desemprego.

Inicialmente, ressaltamos que se trata de mais uma proteção ao trabalhador despedido involuntariamente, não tendo dado causa à dispensa.

É uma garantia de que, durante algum tempo, enquanto ainda estiver desempregado, o trabalhador terá ajuda financeira, capaz de suprir suas necessidades proeminentes, mesmo que paliativamente.

Regulado pela Lei n. 7.998, de 11 de janeiro de 1990 (Brasil, 1990a), com alterações dadas pela a Lei n. 13.134, de 16 de junho de 2015 (Brasil, 2015b), o programa de seguro-desemprego estende essa assistência financeira não só ao trabalhador desempregado que comprovar os requisitos, mas também àqueles que, porventura, estiverem sendo explorados mediante trabalho forçado ou em situação equivalente à de escravo e que dessas condições forem retirados.

Os **requisitos** aos quais o trabalhador dispensado sem justa causa terá de atender para que tenha direito ao seguro-desemprego são previstos na Lei n. 7.998/1990, em seu art. 3º:

> Art. 3º [...]
> I – ter recebido salários de pessoa jurídica ou de pessoa física a ela equiparada, relativos a:
> a) pelo menos 12 (doze) meses nos últimos 18 (dezoito) meses imediatamente anteriores à data de dispensa, quando da primeira solicitação;
> b) pelo menos 9 (nove) meses nos últimos 12 (doze) meses imediatamente anteriores à data de dispensa, quando da segunda solicitação; e

> c) cada um dos 6 (seis) meses imediatamente anteriores à data de dispensa, quando das demais solicitações;
> II – (Revogado);
> III – não estar em gozo de qualquer benefício previdenciário de prestação continuada, previsto no Regulamento dos Benefícios da Previdência Social, excetuado o auxílio-acidente e o auxílio suplementar previstos na Lei n° 6.367, de 19 de outubro de 1976, bem como o abono de permanência em serviço previsto na Lei n° 5.890, de 8 de junho de 1973;
> IV – não estar em gozo do auxílio-desemprego;
> V – não possuir renda própria de qualquer natureza suficiente à sua manutenção e de sua família; e
> VI – matrícula e frequência, quando aplicável, nos termos do regulamento, em curso de formação inicial e continuada ou de qualificação profissional habilitado pelo Ministério da Educação, nos termos do art. 18 da Lei no 12.513, de 26 de outubro de 2011, ofertado por meio da Bolsa-Formação Trabalhador concedida no âmbito do Programa Nacional de Acesso ao Ensino Técnico e Emprego (Pronatec), instituído pela Lei n° 12.513, de 26 de outubro de 2011, ou de vagas gratuitas na rede de educação profissional e tecnológica. (Brasil, 1990a)

Em outras palavras e esclarecendo essas exigências, consideramos aquele obreiro que está na condição de desempregado, cuja dispensa tenha acontecido de maneira arbitrária ou sem justa causa, incluindo-se a dispensa indireta – aquela em que o empregador provocou a extinção por meio de uma figura de justa causa. Ele terá de comprovar que trabalhou o número de meses anteriores à sua despedida involuntária conforme a exigência transcrita, que não tem renda e que não está recebendo benefício de prestação continuada da Previdência Social, com exceção da pensão por morte e do auxílio-acidente.

O empregado deve fazer o requerimento no prazo compreendido entre o 7º e o 120º dia após a data da dispensa.

A assistência financeira é paga em 3, 4 ou 5 parcelas consecutivas, dependendo do número de meses trabalhados, nunca menor do que o salário mínimo federal. No entanto, quando a lei solicita a comprovação dos meses trabalhados, isso se refere à obrigatoriedade da comprovação do contrato de trabalho e da devida inclusão do empregado no sistema do Fundo de Garantia do Tempo de Serviço (FGTS). Sem isso, infelizmente, o trabalhador desempregado não tem direito imediato ao seguro-desemprego, mesmo que preencha os demais requisitos, podendo requerê-lo judicialmente por meio de reclamatória trabalhista.

6.12 Fundo de Garantia do Tempo de Serviço

Muito se fala em Fundo de Garantia do Tempo de Serviço (FGTS). Mas o que é esse fundo?

A garantia constitucional ora estudada é regulamentada pela Lei n. 8.036, de 11 de maio de 1990 (Brasil, 1990b). É mais uma proposta de segurança para o trabalhador, não necessária e exclusivamente em virtude de seu desemprego, mas especialmente para ajudá-lo em determinadas vicissitudes e, acima de tudo, como alento pelo período trabalhado, possibilitando a formação de um patrimônio que não tenha saído diretamente de seu bolso.

> O FGTS é, na realidade, uma conta bancária, aberta na Caixa Econômica Federal (CEF) em nome do trabalhador, vinculada ao seu contrato de trabalho. O empregador deve, todo mês e até o dia 7, depositar o correspondente a 8% do total da remuneração recebida pelo obreiro no mês anterior, sem deste descontar qualquer valor. Esses depósitos são atualizados mensalmente, com correção monetária e acrescidos de juros de 3% ao ano.

Trata-se de um fundo que o empregador faz compulsoriamente em nome de seu empregado, para que este possa utilizá-lo em algumas oportunidades, principalmente em suas contingências ou mesmo quando de sua aposentadoria.

Algumas das possibilidades de levantamento dos valores depositados, entre outras, são: mediante despedidas involuntárias ou sem justa causa, para o pagamento parcial ou total da aquisição de casa própria – desde que preenchidos alguns requisitos –; e em casos de doença grave do trabalhador ou de seus dependentes. Em alguns casos, é levantado somente o saldo relativo à conta vinculada a determinado empregador ou contrato de trabalho (por exemplo, dispensa sem justa causa) e, em outros, o saldo de todas as contas (por exemplo, aposentadoria).

Síntese

Neste capítulo, verificamos vários institutos importantes no dia a dia do empregado, iniciando pela análise da jornada de trabalho.

Abordamos as possibilidades de intervalos que obrigatoriamente devem acontecer durante e entre as jornadas de trabalho, bem como os períodos de descanso que devem existir ao longo da relação de emprego, sendo alguns remunerados, como o DSR e as férias, e outros não, como os intervalos inter e intrajornadas.

Examinamos também a remuneração que precisa ser paga ao empregado com base em seu salário, que deve ser pelo menos o salário mínimo federal ou o piso salarial da categoria. Dependendo do caso, são incluídos os adicionais a que ele pode ter direito quando trabalhar em determinadas condições mais gravosas.

Ao final, chegamos ao estudo do aviso-prévio, da contribuição previdenciária e do FGTS, com exemplos de cálculos da folha de pagamento, nos quais estiveram presentes vários tipos de verbas.

Questões para revisão

1) O empregado pode faltar ao trabalho sem sofrer prejuízo em seu salário? Se for possível, cite três dessas situações.

2) O empregado poderá receber o seguro-desemprego se atender a alguns requisitos presentes na legislação – entre eles, o fato de estar desempregado. Cite outros três requisitos.

3) O programa de seguro-desemprego, regulado pela Lei n. 7.998/1990, é uma garantia constitucional e possibilita ao desempregado receber assistência financeira do Estado durante algum tempo, desde que:
   a. tenha trabalhado para o mesmo empregador nos últimos 12 meses, independentemente de ter registrado em CTPS seu contrato de trabalho.
   b. comprove a relação de emprego, pelo menos, nos últimos 3 meses.
   c. simplesmente comprove a relação de emprego nos últimos 6 meses anteriores à despedida.

d. comprove que está desempregado, que foi despedido sem justa causa, além de outros requisitos.

e. não esteja recebendo qualquer benefício de prestação continuada da Previdência Social.

4) Você foi contratado para prestar serviços subordinados, com habitualidade e pessoalidade, sendo sua remuneração por produção, sem nenhum acordo quanto a uma parcela fixa. Após alguns meses trabalhados, todos devidamente remunerados pelo empregador conforme o que havia sido combinado, sua produção caiu em virtude de várias situações. Seu salário, que até então significava, em média, o equivalente a três salários mínimos federais, foi reduzido para cerca de meio salário mínimo, que continuou a ser pago pelo empregador. Em relação a este enunciado, assinale a alternativa correta:

a. Trata-se de uma situação normal que acontece na relação de emprego na qual a remuneração é estabelecida em virtude da produção.

b. O empregador deveria ter pago a você, independentemente de sua produção ter reduzido, pelo menos o valor correspondente a um salário mínimo federal.

c. Pelo princípio da irredutibilidade salarial, o empregador deve honrar o maior salário percebido pelo empregado, não podendo reduzi-lo.

d. Se tivesse sido acordado anteriormente entre as partes um valor fixo, acrescido de um valor variável, o empregador deveria honrar pelo menos a parte fixa.

e. Por mera liberalidade, o empregador poderá pagar ao empregado, enquanto perdurar a fase de baixa produção, o valor correspondente a um salário mínimo federal.

5) A jornada diária de trabalho prevista constitucionalmente é aquela que deverá ser labutada pelo trabalhador durante o máximo de 8 horas por dia. Quando, eventualmente, o trabalho tiver de ser desenvolvido por mais de 8 horas, como regra, o empregador deverá remunerar o empregado com o adicional de horas extras. Contudo, há também a possibilidade de que o empregado compense as horas trabalhadas a mais por outras de descanso em outro dia, desde que:
   a. sem precisar de qualquer acordo ou convenção, a compensação seja realizada no prazo de um ano.
   b. essa situação tenha sido acordada anteriormente, a compensação não ultrapasse 2 horas por dia da jornada diária e aconteça em um ano.
   c. essa situação tenha sido acordada anteriormente, a compensação não ultrapasse 2 horas por dia da jornada diária e aconteça no mesmo ano em que foi gerada.
   d. essa situação tenha sido acordada anteriormente, a compensação não ultrapasse 2 horas por dia da jornada diária e aconteça no mesmo mês em que foi gerada.
   e. a compensação não ultrapasse 2 horas por dia da jornada diária, tenha sido acordada anteriormente, podendo ser realizada até o prazo prescricional de dois anos.

Questões para reflexão

1) Os adicionais garantidos pela legislação, recebidos pelo empregado que desenvolve alguma atividade mais danosa ou gravosa à sua saúde física ou mental, são suficientes para suprir o desgaste sofrido?

2) O seguro-desemprego, em sua atual regulamentação, é efetivamente um amparo àquele que está desempregado até que possa ser inserido novamente no mercado de trabalho?

Para saber mais

Consulte as obras elencadas a seguir para um melhor entendimento dos assuntos abordados neste capítulo:

CARRION, V. **Comentários à Consolidação das Leis do Trabalho**: legislação complementar/jurisprudência. 46. ed. São Paulo: Saraiva, 2022.

PAULO, V.; ALEXANDRINO, M. **Manual de direito do trabalho**. 17. ed. São Paulo: Método, 2013.

Consultando a legislação

Conheça o inteiro teor das legislações tratadas neste capítulo.

BRASIL. Lei n. 5.889, de 8 de junho de 1973. **Diário Oficial da União**, Poder Legislativo, Brasília, DF, 11 jun. 1973. Disponível em: <http://www.planalto.gov.br/ccivil_03/leis/l5889.htm>. Acesso em: 20 set. 2022.

BRASIL. Lei n. 7.998, de 11 de janeiro de 1990. **Diário Oficial da União**, Poder Legislativo, Brasília, DF, 12 jan. 1990a. Disponível em: <http://www.planalto.gov.br/ccivil_03/leis/l7998.htm>. Acesso em: 20 set. 2022.

VII

Benefícios previdenciários

Conteúdos do capítulo:

» Beneficiários da Previdência Social.
» Benefícios da Previdência Social.

Após o estudo deste capítulo, você será capaz de:

1. identificar quem são ou podem ser os beneficiários da Previdência Social;
2. conhecer cada um dos benefícios previdenciários que o trabalhador pode usufruir durante sua vida laboral e também na inatividade.

A legislação estabelece que o ingresso no sistema previdenciário é obrigatório para o trabalhador. Neste capítulo, veremos os benefícios previdenciários a que tem direito o trabalhador, bem como os beneficiários além dele, a exemplo de seus dependentes.

É importante destacar que, com a entrada em vigor da Emenda Constitucional n. 103, de 12 de novembro de 2019 (Brasil, 2019a), a chamada *Reforma da Previdência*, alguns benefícios previdenciários foram alterados.

Trataremos, aqui, de alguns dos benefícios da Previdência Social e salientamos que as novas regras deverão ser observadas tão somente por aqueles que ainda não adquiriram seus direitos, mesmo já participando como segurados do Regime Geral de Previdência Social (RGPS), bem como por aqueles que estão ingressando no regime após a vigência da citada emenda constitucional.

Não abordaremos as regras de transição, deixando claro que aqueles que já haviam preenchido todos os requisitos para usufruírem de seus direitos antes da entrada em vigor das novas regras em nada serão afetados, pois têm seus direitos garantidos.

7.1 Beneficiários da Previdência Social

Antes de analisarmos os benefícios previdenciários a que o trabalhador pode usufruir, é preciso identificar seus beneficiários.

A Lei n. 8.213, de 24 de julho de 1991 (Brasil, 1991), classifica os beneficiários em **segurados** – também chamados de *contribuintes* – e em **dependentes**. Entre os segurados, podemos encontrar os obrigatórios e os facultativos, mas sempre pessoas físicas.

Há alguns segurados que, independentemente de suas atividades, estão obrigados a se filiar à Previdência Social; outros, mesmo não tendo essa obrigatoriedade, têm seu ingresso facultado.

O segurado obrigatório não tem como se eximir da responsabilidade de ser um contribuinte da Previdência Social; em contrapartida, também adquire o direito de usufruir seus benefícios. Para Nascimento (2012, p. 584):

Há atividades tipificadas em lei determinantes, automaticamente, da condição de segurado. Basta alguém desempenhar uma dessas atividades para que, em consequência, sem relação com qualquer circunstância, tenha, obrigatória e independentemente da sua vontade, a condição de segurado da previdência social.

No rol dos **segurados obrigatórios**, a mesma legislação ordena algumas categorias, assim dispostas:

» empregado;
» empregado doméstico;
» contribuinte individual;
» trabalhador avulso;
» segurado especial.

Em cada categoria, há várias situações nas quais pode encaixar-se o trabalhador.

Na condição de **segurados facultativos** estão todos aqueles que não constam do rol de segurados obrigatórios, desde que maiores de 14 anos de idade e desejem filiar-se ao Regime Geral de Previdência Social (RGPS), mediante contribuição. Como exemplos, citamos a dona de casa e o estudante.

Assim entende Nascimento (2012, p. 585): "Há segurados facultativos, não obrigatoriamente inscritos ou contribuintes, mas que podem, por sua vontade, incluir-se nessa condição, desde que não esteja coberto por outro regime previdenciário e não se inclua na categoria de segurado obrigatório, como a dona de casa, o estudante etc.".

Também podem ser beneficiários os dependentes do contribuinte, exercendo essa qualidade, é claro, somente na falta do segurado.

O art. 16 da Lei n. 8.213/1991 divide em três classes os dependentes, respectivamente identificados como primeira, segunda e terceira classes:

> Art. 16. São beneficiários do Regime Geral de Previdência Social, na condição de dependentes do segurado:
> I – o cônjuge, a companheira, o companheiro e o filho não emancipado, de qualquer condição, menor de 21 (vinte e um) anos ou inválido ou que tenha deficiência intelectual ou mental ou deficiência grave;
> II – os pais;
> III – o irmão não emancipado, de qualquer condição, menor de 21 (vinte e um) anos ou inválido ou que tenha deficiência intelectual ou mental ou deficiência grave; (Brasil, 1991)

Ao mesmo tempo, o artigo impõe alguns requisitos, tais como:
- » O dependente de primeira classe tem dependência econômica presumida, já os de segunda e terceira classes devem prová-la.
- » A ordem de vocação é determinada no momento do evento gerador, ou seja, depende daquilo que tenha acontecido com o segurado, tendo este morrido ou sido recolhido à prisão.
- » A classe superior exclui a classe inferior; assim, nunca haverá dependentes de classes diferentes compartilhando os benefícios, e os de mesma classe concorrem entre si.
- » Quando um dependente perde essa condição, sua cota acresce aos demais da mesma classe.
- » Se não existir dependente de primeira classe que se habilite, o de segunda classe pode se habilitar, e assim deve proceder o de terceira classe, ficando claro que, se posteriormente aparecer o dependente de classe superior, o benefício concedido ao dependente de classe inferior será cancelado.
- » Terminada a classe na qual o benefício está sendo pago, este é automaticamente extinto.

Alguns benefícios são ofertados ao segurado, e outros, aos dependentes. Vamos ver, primeiramente, os benefícios dos segurados.

7.2 Aposentadoria voluntária

A aposentadoria voluntária é o benefício concedido àquele trabalhador que labutou durante a maior parte de sua vida e é merecedor de uma situação de tranquilidade. Entretanto, para isso, ele deve preencher alguns requisitos:

» Trabalhadores urbanos do sexo masculino podem se aposentar aos 65 anos e do sexo feminino aos 62.
» Trabalhadores rurais do sexo masculino podem se aposentar aos 60 anos e do sexo feminino aos 55.

Ressaltamos que há uma **carência** de 240 contribuições mensais para os trabalhadores urbanos do sexo masculino e de 180 contribuições mensais para as trabalhadoras urbanas do sexo feminino, porque, mesmo atingindo a idade mínima, deve o trabalhador comprovar esse número mínimo de contribuições para ter direito à sua aposentadoria. Os trabalhadores rurais têm de provar, com documentos, 180 meses de trabalho no campo.

Outro detalhe diz respeito ao art. 181-B do Decreto n. 3.048, de 6 de maio de 1999, que aprova o regulamento da Previdência Social:

> Art. 181-B. As aposentadorias concedidas pela previdência social são irreversíveis e irrenunciáveis. (Redação dada pelo Decreto nº 10.410, de 2020)
> § 1º O disposto neste artigo não se aplica à concessão de aposentadoria por incapacidade permanente. (Redação dada pelo Decreto nº 10.410, de 2020)
> § 2º O segurado poderá desistir do seu pedido de aposentadoria desde que manifeste essa intenção e requeira o arquivamento definitivo do pedido antes da ocorrência de um dos seguintes atos: (Incluído pelo Decreto nº 10.410, de 2020)
> I – recebimento do primeiro pagamento do benefício; ou (Incluído pelo Decreto nº 10.410, de 2020)
> II – efetivação do saque do FGTS ou do PIS. (Incluído pelo Decreto nº 10.410, de 2020)

> § 3º O disposto no **caput** não impede a cessação dos benefícios não acumuláveis por força de disposição legal ou constitucional. (Incluído pelo Decreto nº 10.410, de 2020). (Brasil, 1999, grifo do original)

Assim, tendo recebido o primeiro pagamento ou levantado os valores depositados em sua conta de FGTS, o trabalhador não poderá mais desistir do benefício.

7.3 Aposentadoria por incapacidade permanente

Ao se filiar à Previdência Social, aquele que já era portador de doença ou lesão que possa gerar esse tipo de aposentadoria não terá direito a esse benefício, a não ser quando a incapacidade for resultante do agravamento da doença ou lesão.

Aqui a contingência é outra, pois a aposentadoria por incapacidade permanente é o benefício concedido ao trabalhador que, por doença ou acidente, é considerado pela perícia médica da Previdência Social incapacitado para o labor que vinha desempenhando ou para qualquer outro serviço que lhe garanta o sustento.

O trabalhador que esteja recebendo esse benefício deve passar, obrigatoriamente, por exame médico pericial a cada dois anos, sob pena de ver seu benefício suspenso, com exceção dos maiores de 60 anos, que estão isentos dessa obrigação. A aposentadoria por invalidez deixará de ser paga quando o trabalhador for considerado apto para o labor, mediante perícia médica, podendo retornar ao trabalho.

Vale destacar que, ao se filiar à Previdência Social, aquele que já era portador de doença ou lesão que possa gerar esse tipo de aposentadoria não terá direito a esse benefício, a não ser quando a incapacidade for resultante do agravamento da doença ou lesão.

Também para a aposentadoria por invalidez é exigida uma **carência** de, no mínimo, 12 meses de contribuição, mas somente para os casos de doença. Nas situações de acidente, basta estar inscrito na Previdência Social.

7.4 Aposentadoria do professor

Professores do sexo masculino com 60 anos de idade e do sexo feminino com 57 anos podem requerer sua aposentadoria desde que tenham tempo de contribuição de 25 anos. Além disso, devem ter cumprido funções de magistério em estabelecimentos de educação básica (educação infantil, ensino fundamental e médio).

7.5 Aposentadoria especial

O próprio nome desse benefício já indica que é algo diferenciado. E assim é.

A aposentadoria especial pode ser concedida ao trabalhador que tenha labutado em condições mais danosas ou mais gravosas à saúde física ou mental. Por isso mesmo é que esse profissional deve comprovar sua efetiva exposição aos agentes físicos, biológicos ou associação de agentes prejudiciais pelo período exigido para a concessão do benefício. Dependendo do caso, pode ser de 15, 20 ou 25 anos.

Essa comprovação deve ser feita por meio de formulário próprio – o Perfil Profissiográfico Previdenciário (PPP) –, a ser preenchido pelo empregador, tendo como base o Laudo Técnico de Condições Ambientais de Trabalho (LTCAT), expedido por médico do trabalho ou engenheiro de segurança do trabalho. Salientamos que o empregador é obrigado a fornecer cópia autêntica do PPP ao trabalhador em caso de demissão.

É preciso cumprir uma idade mínima, além do tempo de atividade especial:

» 55 anos de idade + 15 anos de atividade especial para as atividades de alto risco;
» 58 anos de idade + 20 anos de atividade especial para as atividades de médio risco;
» 60 anos de idade + 25 anos de atividade especial para as atividades de baixo risco.

Alertamos que, também para a aposentadoria especial, o trabalhador deve comprovar um mínimo de 180 contribuições mensais e que essa aposentadoria se torna **irreversível** e **irrenunciável** após o primeiro pagamento.

7.6 Auxílio-doença

Com algumas semelhanças à aposentadoria por invalidez, considerado por alguns como o primeiro passo para consegui-la, o auxílio-doença está muito mais próximo da rotina trabalhista do que os benefícios tratados anteriormente.

Como benefício previdenciário propriamente dito, ele somente fica evidenciado quando o trabalhador estiver impedido de trabalhar por doença ou acidente por mais de 15 dias consecutivos. Se não ultrapassar os 15 dias, é o empregador quem tem a obrigação de remunerá-lo, passando essa responsabilidade para a Previdência Social somente a partir do 16º dia de afastamento do trabalho.

Exatamente como na aposentadoria por invalidez, é exigida uma **carência** de, no mínimo, 12 meses de contribuição, mas somente para os casos de doença. Nas situações de acidente, basta estar inscrito na Previdência Social e, é claro, comprovar a incapacidade em exame médico pericial, realizado pela Previdência Social.

Já para os casos de **doenças graves**, como hanseníase, neoplasia maligna, doença de Parkinson, entre outras, todas elas definidas em lei, a **carência não é exigida**.

Da mesma forma, o benefício deixará de ser pago quando o trabalhador for considerado apto para o labor, mediante perícia médica, podendo retornar ao trabalho, ou quando o benefício se transformar em aposentadoria por invalidez.

> *O auxílio-doença somente fica evidenciado quando o trabalhador estiver impedido de trabalhar por doença ou acidente por mais de 15 dias consecutivos. Se não ultrapassar os 15 dias, é o empregador quem tem a obrigação de remunerá-lo.*

É importante lembrar que – exatamente como ocorre na aposentadoria por invalidez –, se o trabalhador já era portador de doença ou de alguma lesão que possa gerar o auxílio-doença ao se filiar à Previdência Social, ele não terá direito a esse benefício, a não ser quando a incapacidade for resultante do agravamento da doença ou lesão.

7.7 Auxílio-acidente

O auxílio-acidente é outro benefício que está bem próximo da rotina trabalhista. Ele pode ser pago ao trabalhador que sofrer algum acidente e ficar com sequelas que reduzam sua capacidade de trabalho.

O detalhe é que somente será concedido ao trabalhador que estiver recebendo o auxílio-doença como certa indenização por sua situação, de acordo com o art. 86 da Lei n. 8.213/1991:

> Art. 86. O auxílio-acidente será concedido, como indenização, ao segurado quando, após consolidação das lesões decorrentes de acidente de qualquer natureza, resultarem sequelas que impliquem redução da capacidade para o trabalho que habitualmente exercia. (Brasil, 1991)

Reduzindo definitivamente suas capacidades laborais, o empregado será **readaptado** em outra função, continuando a receber esse benefício até que lhe seja concedida alguma aposentadoria ou até a data de seu óbito. Tal benefício poderá ser concedido tanto ao trabalhador quanto à trabalhadora. Da mesma maneira – e em algumas situações –, poderá ser concedido o salário-maternidade à mulher ou ao homem.

7.8 Salário-maternidade

Como regra, o salário-maternidade é devido à trabalhadora gestante por um período de 120 dias, durante o qual ela deve ficar afastada do trabalho.

Também poderá usufruir do salário-maternidade a segurada que adotar uma criança ou ganhar a guarda judicial para fins de adoção, independentemente da idade. Ainda será devido ao adotante do sexo masculino, para adoção ou guarda para fins de adoção ocorrida a partir de 25 de outubro de 2013, data da publicação da Lei n. 12.873, de 24 de outubro de 2013 (Brasil, 2013). Assim também é previsto no art. 93-A do Decreto n. 3.048/1999:

> Art. 93-A O salário-maternidade é devido ao segurado ou à segurada da previdência social que adotar ou obtiver guarda judicial, para fins de adoção de criança de até doze anos de idade, pelo período de cento e vinte dias. (Redação dada pelo Decreto nº 10.410, de 2020)
> § 1º O salário-maternidade é devido ao segurado ou à segurada independentemente de a mãe biológica ter recebido o mesmo benefício quando do nascimento da criança. (Redação dada pelo Decreto nº 10.410, de 2020).
> (Brasil, 1999)

No caso de falecimento da segurada que tinha direito ao recebimento de salário-maternidade, fica garantido o pagamento do benefício ao cônjuge ou companheiro(a) sobrevivente, desde que este também apresente as condições necessárias à concessão do benefício em razão das próprias contribuições.

Duração do benefício:
- » 120 dias no caso de parto;
- » 120 dias no caso de adoção ou guarda judicial para fins de adoção, independentemente da idade do adotado, que deverá ter, no máximo, 12 anos de idade.
- » 120 dias no caso de natimorto;
- » 14 dias no caso de aborto espontâneo ou demais previstos em lei (estupro ou risco de vida para a mãe), a critério médico.

Para a concessão do salário-maternidade, a legislação **não exige carência** de contribuição para as trabalhadoras empregadas, empregadas domésticas e trabalhadoras avulsas. Elas somente precisam comprovar sua filiação à Previdência Social na data de seu afastamento para fins de salário-maternidade ou na data do parto.

É considerado *parto* o nascimento ocorrido a partir da 23ª semana de gestação, inclusive de natimorto. Nos abortos espontâneos ou previstos em lei (estupro ou risco de vida para a mãe), o salário-maternidade deve ser pago por duas semanas.

A trabalhadora que labuta em dois empregos ao mesmo tempo ou que tenha duas atividades, e que esteja contribuindo para a Previdência em ambas, tem direito a receber um salário-maternidade referente a cada uma.

O benefício já pode ser pago a partir do 8º mês de gestação, devidamente comprovado por atestado médico ou da data do parto, mediante a apresentação da certidão de nascimento.

Em casos comprovados por atestado médico, o período de repouso pode ser prorrogado por duas semanas antes do parto e ao final dos 120 dias de licença.

Segundo a determinação do art. 94 do Decreto n. 3.048/1999, a empresa deve pagar o salário-maternidade à sua empregada, creditando-se o valor para posterior compensação:

> Art. 94. O salário-maternidade para a segurada empregada consiste numa renda mensal igual à sua remuneração integral e será pago pela empresa, efetivando-se a compensação, observado o disposto no art. 248 da Constituição, quando do recolhimento das contribuições incidentes sobre a folha de salários e demais rendimentos pagos ou creditados, a qualquer título, à pessoa física que lhe preste serviço, devendo aplicar-se à renda mensal do benefício o disposto no art. 198. (Brasil, 1999)

Perguntas & respostas

Certa funcionária grávida, em sua última semana de gestação, interrompe seu contrato individual de trabalho para que possa ter uma tranquilidade maior na espera de seu parto. O período pelo qual a gestante pode paralisar seu contrato de trabalho, conhecido como *licença-maternidade*, tendo a garantia de salário e de emprego, está previsto na Constituição Federal (CF) de 1988. A licença deve ser de quanto tempo?

Resposta: Conforme determinação de seu art. 7°, inciso XVIII, a CF concede à gestante, sem prejuízo do emprego e do salário, licença com duração de 120 dias.

7.9 Salário-família

O salário-família pode ser pago ao pai, à mãe ou a ambos se tiverem filhos com até 14 anos incompletos ou que sejam inválidos, desde que os pais sejam trabalhadores e recebam salário mensal até o valor determinado por lei.

Não é exigido tempo mínimo de contribuição para sua concessão, porém o salário-família se extinguirá quando o filho completar 14 anos.

E naquelas situações em que o trabalhador desenvolveu suas funções sempre na informalidade, não tendo feito qualquer tipo de contribuição, será que ele estará desprotegido na velhice?

Calma, nem tudo está perdido. Desde que ele preencha certos requisitos, poderá receber uma ajuda financeira. Vejamos como isso ocorre a seguir.

7.10 Benefício de Prestação Continuada da Assistência Social

Não se trata propriamente de um benefício previdenciário, pois o Benefício de Prestação Continuada da Assistência Social (BPC) é estritamente assistencial. É regulamentado pela Lei Orgânica da Assistência Social (Loas) – Lei n. 8.742, de 7 de dezembro de 1993 (Brasil, 1993) – e destinado a pessoas que não têm condição alguma de contribuir para a Previdência Social.

Podem receber tal amparo assistencial os idosos – tanto os do sexo masculino quanto os do sexo feminino – a partir de 65 anos de idade e os portadores de deficiência, independentemente da idade, mas que estejam incapacitados para o trabalho.

Como **requisito** essencial, é necessário comprovar uma renda mensal familiar *per capita* (por pessoa) inferior a um quarto do salário mínimo federal. Exemplificando, em uma família de quatro pessoas, a renda total não pode ultrapassar um salário mínimo.

Além disso, a família não pode estar filiada a nenhum regime de Previdência Social nem estar recebendo qualquer benefício público. O benefício assistencial é intransferível e se extingue após o falecimento do beneficiário.

Trataremos a seguir dos benefícios previstos para os dependentes dos segurados.

7.11 Auxílio-reclusão

O auxílio-reclusão pode ser concedido aos dependentes do trabalhador que se encontrar preso por qualquer motivo e deve ser pago, inicialmente, durante todo o período da reclusão.

Alguns **requisitos** devem estar presentes para a concessão e manutenção desse benefício, segundo o art. 116 do Decreto n. 3.048/1999:

> Art. 116. O auxílio-reclusão, cumprida a carência prevista no inciso IV do **caput** do art. 29, será devido, nas condições da pensão por morte, aos dependentes do segurado de baixa renda recolhido à prisão em regime fechado que não receber remuneração da empresa nem estiver em gozo de auxílio por incapacidade temporária, de pensão por morte, de salário-maternidade, de aposentadoria ou de abono de permanência em serviço. (Redação dada pelo Decreto n° 10.410, de 2020)
>
> § 1° Para fins de concessão do benefício de que trata este artigo, considera-se segurado de baixa renda aquele que tenha renda bruta mensal igual ou inferior a R$ 1.425,56 (um mil quatrocentos e vinte e cinco reais e cinquenta e seis centavos), corrigidos pelos mesmos índices de reajuste aplicados aos benefícios do RGPS, calculada com base na média aritmética simples dos salários de contribuição apurados no período dos doze meses anteriores ao mês do recolhimento à prisão. (Redação dada pelo Decreto n° 10.410, de 2020)
>
> § 2° O requerimento do auxílio-reclusão será instruído com certidão judicial que ateste o recolhimento efetivo à prisão e será obrigatória a apresentação de prova de permanência na condição de presidiário para a manutenção do benefício. (Redação dada pelo Decreto n° 10.410, de 2020)
>
> § 2°-A O INSS celebrará convênios com os órgãos públicos responsáveis pelo cadastro dos presos para obter informações sobre o recolhimento à prisão. (Incluído pelo Decreto n° 10.410, de 2020)
>
> § 2°-B A certidão judicial e a prova de permanência na condição de presidiário serão substituídas pelo acesso à base de dados, por meio eletrônico, a ser disponibilizada pelo Conselho Nacional de Justiça, com dados cadastrais que assegurem a identificação plena do segurado e da sua condição de presidiário. (Incluído pelo Decreto n° 10.410, de 2020)

> § 3º Aplicam-se ao auxílio-reclusão as normas referentes à pensão por morte e, no caso de qualificação de cônjuge ou companheiro ou companheira após a prisão do segurado, o benefício será devido a partir da data de habilitação, desde que comprovada a preexistência da dependência econômica. (Redação dada pelo Decreto nº 10.410, de 2020)
> § 4º A data de início do benefício será: (Redação dada pelo Decreto nº 10.410, de 2020)
> I – a do efetivo recolhimento do segurado à prisão, se o benefício for requerido no prazo de cento e oitenta dias, para os filhos menores de dezesseis anos, ou de noventa dias, para os demais dependentes; ou (Incluído pelo Decreto nº 10.410, de 2020)
> II – a do requerimento, se o benefício for requerido após os prazos a que se refere o inciso I. (Incluído pelo Decreto nº 10.410, de 2020)
> § 5º O auxílio-reclusão será devido somente durante o período em que o segurado estiver recolhido à prisão sob regime fechado. (Redação dada pelo Decreto nº 10.410, de 2020)
> § 6º O exercício de atividade remunerada iniciado após a prisão do segurado recluso em cumprimento de pena em regime fechado não acarreta a perda do direito ao recebimento do auxílio-reclusão para os seus dependentes. (Redação dada pelo Decreto nº 10.410, de 2020). (Brasil, 1999, grifo do original)

Contudo, o benefício **cessará** (arts. 116 a 119 do Decreto n. 3.048/1999) caso aconteça alguma das situações a seguir:

- » morte do segurado (nesse caso, o auxílio-reclusão será convertido em pensão por morte);
- » fuga, liberdade condicional, transferência para prisão-albergue ou extinção da pena;
- » quando o dependente completar 21 anos ou for emancipado;
- » com o fim da invalidez ou morte do dependente.

Esses são alguns dos requisitos para a concessão e manutenção do auxílio-reclusão. A seguir, trataremos da pensão por morte.

7.12 Pensão por morte

É o benefício pago à família do trabalhador quando ele morre. Para concessão de pensão por morte, é necessário que o óbito tenha ocorrido enquanto o trabalhador se encontrava na qualidade de segurado.

A pensão por morte tem duração **variável**, conforme a idade e o tipo do beneficiário. Observe os três casos:

1. Para o cônjuge, o companheiro, o cônjuge divorciado ou separado judicialmente ou de fato que recebia pensão alimentícia, ela pode ser de 4 meses ou variável:

   Terá duração de **4 meses**:
   » se o óbito ocorrer sem que o segurado tenha realizado 18 contribuições mensais à Previdência; ou
   » se o casamento ou a união estável se iniciaram em menos de 2 anos antes do falecimento do segurado.

   Será variável:
   » se o óbito ocorrer depois de vertidas 18 contribuições mensais pelo segurado; e
   » pelo menos, 2 anos após o início do casamento ou da união estável.

Tabela 7.1 – Tabela para a concessão da pensão por morte

Idade do dependente na data do óbito	Duração máxima do benefício ou cota
menos de 22 anos	3 anos
entre 22 e 27 anos	6 anos
entre 28 e 30 anos	10 anos
entre 31 e 41 anos	15 anos
entre 42 e 44 anos	20 anos
a partir de 45 anos	vitalício

Fonte: Elaborado com base em Brasil, 2015f.

2. Para o cônjuge inválido ou com deficiência:
   » o benefício será devido enquanto durar a deficiência ou a invalidez, respeitando-se os prazos mínimos descritos nos itens anteriores.
3. Para os filhos, equiparados ou irmãos do falecido (desde que comprovem o direito):
   » o benefício é devido até os 21 anos de idade, salvo em caso de invalidez ou deficiência.

A morte do trabalhador pode também ser presumida, como nos casos de desaparecimento em catástrofe, acidente ou desastre, desde que devidamente comprovado pelos documentos exigidos. Nessa situação, os dependentes podem receber a pensão, mas de 6 em 6 meses devem apresentar documentação hábil sobre o andamento do processo de desaparecimento, até que seja emitida a certidão de óbito.

Outra alteração muito importante implementada pela Reforma da Previdência diz respeito ao valor do benefício da pensão por morte, que será concedido no equivalente a uma cota familiar de 50% do valor da aposentadoria recebida pelo segurado ou servidor, ou daquela a que teria direito se fosse aposentado por incapacidade permanente na data do óbito, acrescida de cotas de 10 pontos percentuais por dependente, até o máximo de 100%. As cotas por dependente serão extintas quando estes perderem essa qualidade e não reverterão aos demais dependentes.

Síntese

Neste último capítulo, apresentamos os benefícios previdenciários. O empregado tem direito a eles enquanto estiver trabalhando e, também, quando não mais puder ou quiser trabalhar, preenchendo os requisitos que a legislação determina.

Igualmente, abordamos os beneficiários, que, em princípio, são os segurados: o trabalhador e seus dependentes, divididos em classes de dependência.

Questões para revisão

1) Qual é a idade mínima para que os trabalhadores urbano e rural, homem e mulher, possam se aposentar voluntariamente? Existe alguma carência?

2) Com relação à aposentadoria do professor, qual é a idade mínima exigida para professores do sexo masculino e feminino? Existe carência mínima de contribuições?

3) João e Maria são casados e têm três filhos menores, de 2, 5 e 10 anos. Ambos trabalham e não têm remuneração maior do que um salário mínimo federal, sendo considerados legalmente trabalhadores de baixa renda. Nessas condições, a legislação garante algumas ajudas sociais. A CF de 1988, em seu art. 7º, inciso XII, assegura o pagamento do salário-família aos trabalhadores de baixa renda, desde que atendidos outros requisitos legais. Com relação a João e Maria e o salário-família, é correto afirmar:

   a. Em uma análise superficial, levando-se em conta somente suas rendas, ambos podem receber o benefício, pois cada um deles é considerado trabalhador de baixa renda.

   b. Somente um deles tem direito a receber tal benefício, porque, se ambos solicitarem, automaticamente a soma de suas rendas ultrapassará o valor fixado e entendido como baixa renda.

   c. O benefício do salário-família, tal qual o salário-maternidade, é exclusivo da mulher, independentemente de sua renda.

d. O benefício do salário-família, tal qual o salário-maternidade, é exclusivo da mulher, que tem de comprovar ser trabalhadora de baixa renda para adquirir o direito de recebê-lo.

e. Em uma análise superficial, considerando-se somente suas rendas, mesmo que ambos sejam caracterizados como trabalhadores de baixa renda, a legislação é clara em garantir o pagamento a somente um dos cônjuges.

4) Dependendo do benefício previdenciário a ser requerido e para que tenha esse direito, o trabalhador deve comprovar alguns pagamentos, que se referem aos chamados *períodos de carência*. Assinale, a seguir, o benefício que exige algum período de carência:

a. Salário-família.
b. Pensão por morte.
c. Auxílio-reclusão.
d. Auxílio-acidente.
e. Auxílio-doença.

5) No âmbito do RGPS, encontram-se os beneficiários da Previdência Social, entre os quais estão os dependentes, classificados por classes de dependência, sendo os de primeira classe detentores da dependência presumida. Assim, é correto afirmar:

a. O cônjuge, a companheira, o companheiro, o filho menor de 21 anos ou inválido, independentemente de sua idade, integram a primeira classe.

b. O cônjuge, a companheira, o companheiro e os filhos, independentemente da idade, integram a primeira classe.

c. Os pais, o cônjuge, o filho menor de 21 anos ou maior de 21 anos inválido integram a primeira classe.

d. O cônjuge, a companheira, o companheiro, o filho menor somente até a idade de 18 anos ou maior de 18 anos inválido integram a primeira classe.

e. O cônjuge e o filho menor de 24 anos ou inválido com a mesma idade ou que tenha deficiência intelectual ou mental integram a primeira classe.

Questões para reflexão

1) Os benefícios previdenciários que existem hoje no RGPS atendem completamente às necessidades dos beneficiários?

2) A reforma previdenciária de 2019 atendeu aos anseios do trabalhador? Em quais pontos o atual sistema poderia ser aprimorado?

Para saber mais

Consulte a obra de Amauri Mascaro Nascimento, que pode auxiliar na compreensão dos institutos abordados neste capítulo:
NASCIMENTO, A. M. **Curso de direito do trabalho**. 29. ed. São Paulo: Saraiva, 2014.

Consultando a legislação

Conheça o inteiro teor da principal norma previdenciária, indicada a seguir.
BRASIL. Decreto n. 3.048, de 6 de maio de 1999. **Diário Oficial da União**, Poder Executivo, Brasília, DF, 7 maio 1999. Disponível em: <http://www.planalto.gov.br/ccivil_03/decreto/d3048.htm>. Acesso em: 21 set. 2022.

Ao chegarmos ao final desta obra, esperamos ter transmitido os conceitos dos mais importantes institutos do direito do trabalho, ordenados aqui em duas partes: a **legislação trabalhista** e as **rotinas trabalhistas**.

Na Parte Um, além de apresentarmos vários itens peculiares à relação individual e coletiva do trabalho, procuramos analisar suas determinações legais e interpretações jurisprudenciais e doutrinárias.

Na Parte Dois, é claro, não poderíamos deixar de indicar a legislação pertinente aos temas contemplados, tratando, às vezes, de um ou outro conteúdo visto na primeira parte, mas de maneira um pouco mais prática. Em alguns aspectos, complementamos a abordagem anterior e apontamos outros objetos particulares de análise.

Enfim, com intuito didático, buscamos empregar uma linguagem mais próxima daquela utilizada no cotidiano das pessoas – bem distinta da adotada comumente nas obras de cunho estritamente jurídico. Esse tom dialógico foi escolhido a fim de que você participasse diretamente das discussões propostas.

Temos a certeza de que muito do que aqui foi abordado faz parte do cotidiano pessoal ou profissional de inúmeras pessoas, sendo, portanto, de grande valia a compreensão dos institutos propostos, facilitando o dia a dia.

Além disso, praticamente todos estamos intimamente ligados à relação de emprego, quer como empregados, quer como empregadores. Foi também por essa razão que tivemos a preocupação de apresentar o conteúdo de maneira condizente com a realidade, sendo isso um diferencial desta obra em relação às demais escritas sobre o assunto.

Esperamos que este livro tenha servido como apoio para seu crescimento sobre o assunto e que seja a porta de entrada para aprofundamentos posteriores acerca de qualquer um dos temas aqui trabalhados.

lista de siglas

Aids – Síndrome da Imunodeficiência Adquirida
ASO – Atestado de Saúde Ocupacional
BPC – Benefício de Prestação Continuada da Assistência Social
CEF – Caixa Econômica Federal
CF – Constituição Federal
Cipa – Comissão Interna de Prevenção de Acidentes
CLT – Consolidação das Leis do Trabalho
CPF – Cadastro de Pessoa Física
CTPS – Carteira de Trabalho e Previdência Social
DRT – Delegacia Regional do Trabalho
DSR – Descanso Semanal Remunerado
FGTS – Fundo de Garantia do Tempo de Serviço
INSS – Instituto Nacional do Seguro Social
HIV – Vírus da Imunodeficiência Humana
Loas – Lei Orgânica da Assistência Social
LTCAT – Laudo Técnico de Condições Ambientais de Trabalho
MF – Ministério da Fazenda
MRH – Mercado de Recursos Humanos
MTP – Ministério do Trabalho e Previdência
NR – Norma Regulamentadora
OJ – Orientação Jurisprudencial

Pasep – Programa de Formação do Patrimônio do Servidor Público
PIS – Programa de Integração Social
PN – Precedente Normativo
PPP – Perfil Profissiográfico Previdenciário
RGPS – Regime Geral de Previdência Social
RH – Recursos Humanos
SPC – Serviço de Proteção ao Crédito
TRCT – Termo de Rescisão do Contrato de Trabalho
TRT – Tribunal Regional do Trabalho
TST – Tribunal Superior do Trabalho

BARROS, A. M. de. **Curso de direito do trabalho**. 11. ed. São Paulo: LTr, 2017.

BEVILÁQUA, C. **Código Civil dos Estados Unidos do Brasil comentado**. 4. ed. Rio de Janeiro: F. Alves, 1934.

BRASIL. Constituição (1988). **Diário Oficial da União**, Brasília, DF, 5 out. 1988. Disponível em: <http://www.planalto.gov.br/ccivil_03/Constituicao/Constituicao.htm>. Acesso em: 21 set. 2022.

BRASIL. Constituição (1988). Emenda Constitucional n. 20, de 15 de dezembro de 1998. **Diário Oficial da União**, Poder Legislativo, Brasília, DF, 16 dez. 1998a. Disponível em: <http://www.planalto.gov.br/ccivil_03/constituicao/Emendas/Emc/emc20.htm>. Acesso em: 21 set. 2022.

BRASIL. Constituição (1988). Emenda Constitucional n. 103, de 12 de novembro de 2019. **Diário Oficial da União**, Poder Legislativo, Brasília, DF, 13 nov. 2019a. Disponível em: < http://www.planalto.gov.br/ccivil_03/constituicao/emendas/emc/emc103.htm>. Acesso em: 21 set. 2022.

BRASIL. Decreto n. 3.048, de 6 de maio de 1999. **Diário Oficial da União**, Poder Executivo, Brasília, DF, 7 maio 1999. Disponível em: <http://www.planalto.gov.br/ccivil_03/decreto/d3048.htm>. Acesso em: 21 set. 2022.

BRASIL. Decreto n. 5.598, de 1º de dezembro de 2005. **Diário Oficial da União**, Poder Executivo, Brasília, DF, 2 dez. 2005a. Disponível em: <http://www.planalto.gov.br/ccivil_03/_Ato2004-2006/2005/Decreto/D5598.htm>. Acesso em: 21 set. 2022.

BRASIL. Decreto-Lei n. 2.848, de 7 de dezembro de 1940. **Diário Oficial da União**, Poder Executivo, Rio de Janeiro, 31 dez. 1940. Disponível em: <http://www.planalto.gov.br/ccivil_03/decreto-lei/del2848.htm>. Acesso em: 21 set. 2022.

BRASIL. Decreto-Lei n. 5.452, de 1º de maio de 1943. **Diário Oficial da União**, Poder Executivo, Rio de Janeiro, 9 ago. 1943. Disponível em: <http://www.planalto.gov.br/ccivil_03/decreto-lei/del5452.htm>. Acesso em: 21 set. 2022.

BRASIL. Lei n. 605, de 5 de janeiro de 1949. **Diário Oficial da União**, Poder Legislativo, Rio de Janeiro, 14 jan. 1949. Disponível em: <http://www.planalto.gov.br/ccivil_03/leis/l0605.htm>. Acesso em: 21 set. 2022.

BRASIL. Lei n. 4.090, de 13 de julho de 1962. **Diário Oficial da União**, Poder Legislativo, Brasília, DF, 26 jul. 1962. Disponível em: <http://www.planalto.gov.br/ccivil_03/leis/l4090.htm>. Acesso em: 21 set. 2022.

BRASIL. Lei n. 4.375, de 17 de agosto de 1964. **Diário Oficial da União**, Poder Legislativo, Brasília, DF, 3 set. 1964. Disponível em: <http://www.planalto.gov.br/ccivil_03/leis/l4375.htm>. Acesso em: 21 set. 2022.

BRASIL. Lei n. 4.749, de 12 de agosto de 1965. **Diário Oficial da União**, Poder Legislativo, Brasília, DF, 13 ago. 1965. Disponível em: <http://www.planalto.gov.br/ccivil_03/leis/l4749.htm>. Acesso em: 21 set. 2022.

BRASIL. Lei n. 5.107, de 13 de setembro de 1966. **Diário Oficial da União**, Poder Legislativo, Brasília, DF, 14 set. 1966. Disponível em: <http://www.planalto.gov.br/ccivil_03/leis/L5107.htm>. Acesso em: 21 set. 2022.

BRASIL. Lei n. 5.889, de 8 de junho de 1973. **Diário Oficial da União**, Poder Legislativo, Brasília, DF, 11 jun. 1973. Disponível em: <http://www.planalto.gov.br/ccivil_03/leis/l5889.htm>. Acesso em: 21 set. 2022.

BRASIL. Lei n. 7.783, de 28 de junho de 1989. **Diário Oficial da União**, Poder Legislativo, Brasília, DF, 29 jun. 1989. Disponível em: <http://www.planalto.gov.br/ccivil_03/leis/l7783.htm>. Acesso em: 21 set. 2022.

BRASIL. Lei n. 7.998, de 11 de janeiro de 1990. **Diário Oficial da União**, Poder Legislativo, Brasília, DF, 12 jan. 1990a. Disponível em: <http://www.planalto.gov.br/ccivil_03/leis/l7998.htm>. Acesso em: 21 set. 2022.

BRASIL. Lei n. 8.036, de 11 de maio de 1990. **Diário Oficial da União**, Poder Legislativo, Brasília, DF, 14 maio 1990b. Disponível em: <http://www.planalto.gov.br/ccivil_03/leis/l8036consol.htm>. Acesso em: 21 set. 2022.

BRASIL. Lei n. 8.069, de 13 de julho de 1990. **Diário Oficial da União**, Poder Legislativo, Brasília, DF, 16 jul. 1990c. Disponível em: <http://www.planalto.gov.br/ccivil_03/leis/l8069.htm>. Acesso em: 21 set. 2022.

BRASIL. Lei n. 8.213, de 24 de julho de 1991. **Diário Oficial da União**, Poder Legislativo, Brasília, DF, 25 jul. 1991. Disponível em: <http://www.planalto.gov.br/ccivil_03/leis/l8213cons.htm>. Acesso em: 21 set. 2022.

BRASIL. Lei n. 8.542, de 23 de dezembro de 1992. **Diário Oficial da União**, Poder Legislativo, Brasília, DF, 24 dez. 1992. Disponível em: <http://www.planalto.gov.br/ccivil_03/leis/l8542.htm>. Acesso em: 21 set. 2022.

BRASIL. Lei n. 8.742, de 7 de dezembro de 1993. **Diário Oficial da União**, Poder Legislativo, Brasília, DF, 8 dez. 1993. Disponível em: <http://www.planalto.gov.br/ccivil_03/leis/l8742.htm>. Acesso em: 21 set. 2022.

BRASIL. Lei n. 10.406, de 10 de janeiro de 2002. **Diário Oficial da União**, Poder Legislativo, Brasília, DF, 11 jan. 2002a. Disponível em: <http://www.planalto.gov.br/ccivil_03/leis/2002/l10406.htm>. Acesso em: 4 jul. 2022.

BRASIL. Lei n. 11.770, de 9 de setembro de 2008. **Diário Oficial da União**, Poder Legislativo, Brasília, DF, 10 set. 2008a. Disponível em: <http://www.planalto.gov.br/ccivil_03/_ato2007-2010/2008/lei/l11770.htm>. Acesso em: 21 set. 2022.

BRASIL. Lei n. 11.788, de 25 de setembro de 2008. **Diário Oficial da União**, Poder Legislativo, Brasília, DF, 26 set. 2008b. Disponível em: <http://www.planalto.gov.br/ccivil_03/_ato2007-2010/2008/lei/l11788.htm>. Acesso em: 21 set. 2022.

BRASIL. Lei n. 12.469, de 26 de agosto de 2011. **Diário Oficial da União**, Poder Legislativo, Brasília, DF, 29 ago. 2011a. Disponível em: <http://www.planalto.gov.br/ccivil_03/_Ato2011-2014/2011/Lei/L12469.htm>. Acesso em: 21 set. 2022.

BRASIL. Lei n. 12.506, de 11 de outubro de 2011. **Diário Oficial da União**, Poder Legislativo, Brasília, DF, 13 out. 2011b. Disponível em: <http://www.planalto.gov.br/ccivil_03/_ato2011-2014/2011/lei/l12506.htm>. Acesso em: 21 set. 2022.

BRASIL. Lei n. 12.873, de 24 de outubro de 2013. **Diário Oficial da União**, Poder Legislativo, Brasília, DF, 25 out. 2013. Disponível em: <http://www.planalto.gov.br/ccivil_03/_Ato2011-2014/2013/Lei/L12873.htm#art5>. Acesso em: 21 set. 2022.

BRASIL. Lei n. 13.105, de 16 de março de 2015. **Diário Oficial da União**, Poder Legislativo, Brasília, DF, 17 mar. 2015a. Disponível em: <http://www.planalto.gov.br/ccivil_03/_ato2015-2018/2015/lei/l13105.htm>. Acesso em: 21 set. 2022.

BRASIL. Lei n. 13.134, de 16 de junho de 2015. **Diário Oficial da União**, Poder Legislativo, Brasília, DF, 17 jun. 2015b. Disponível em: <http://www.planalto.gov.br/ccivil_03/_Ato2015-2018/2015/Lei/L13134.htm#art6iii>. Acesso em: 21 set. 2022.

BRASIL. Lei n. 13.149, de 21 de julho de 2015. **Diário Oficial da União**, Poder Legislativo, Brasília, DF, 21 jul. 2015c. Disponível em: <http://www.planalto.gov.br/ccivil_03/_ato2015-2018/2015/lei/l13149.htm>. Acesso em: 21 set. 2022.

BRASIL. Lei n. 13.189, de 19 de novembro de 2015. **Diário Oficial da União**, Poder Legislativo, Brasília, DF, 20 nov. 2015d. Disponível em: <http://www.planalto.gov.br/ccivil_03/_Ato2015-2018/2015/Lei/L13189.htm>. Acesso em: 21 set. 2022.

BRASIL. Lei n. 13.257, de 8 de março de 2016. **Diário Oficial da União**, Poder Legislativo, Brasília, DF, 9 mar. 2016. Disponível em: <http://www.planalto.gov.br/ccivil_03/_Ato2015-2018/2016/Lei/L13257.htm>. Acesso em: 21 set. 2022.

BRASIL. Lei n. 13.467, de 13 de julho de 2017. **Diário Oficial da União**, Poder Legislativo, Brasília, DF, 14 jul. 2017. Disponível em: <http://www.planalto.gov.br/ccivil_03/_Ato2015-2018/2017/Lei/L13467.htm>. Acesso em: 21 set. 2022.

BRASIL. Lei n. 13.767, de 18 de dezembro de 2018. **Diário Oficial da União**, Poder Legislativo, Brasília, DF, 18 dez. 2018. Disponível em: <http://www.planalto.gov.br/ccivil_03/_Ato2015-2018/2018/Lei/L13767.htm>. Acesso em: 21 set. 2022.

BRASIL. Lei n. 13.932, de 11 de dezembro de 2019a. Diário Oficial da União, Poder Executivo, Brasília, DF, 12 dez. 2019a. Disponível em: <http://www.planalto.gov.br/ccivil_03/_ato2019-2022/2019/lei/L13932.htm>. Acesso em: 21 set. 2022.

BRASIL. Lei Complementar n. 103, de 14 de julho de 2000. **Diário Oficial da União**, Poder Legislativo, Brasília, DF, 17 jul. 2000. Disponível em: <http://www.planalto.gov.br/ccivil_03/leis/lcp/lcp103.htm>. Acesso em: 21 set. 2022.

BRASIL. Lei Complementar n. 110, de 29 de junho de 2001. **Diário Oficial da União**, Poder Legislativo, Brasília, DF, 30 jun. 2001. Disponível em: <http://www.planalto.gov.br/ccivil_03/leis/lcp/Lcp110.htm>. Acesso em: 21 set. 2022.

BRASIL. Lei Complementar n. 150, de 1º de junho de 2015. **Diário Oficial da União**, Poder Legislativo, Brasília, DF, 2 jun. 2015e. Disponível em: <http://www.planalto.gov.br/ccivil03/leis/LCP/Lcp150.htm>. Acesso em: 21 set. 2022.

BRASIL. Medida Provisória n. 905, de 11 de novembro de 2019. **Diário Oficial da União**, Poder Executivo, Brasília, DF, 12 nov. 2019b. Disponível em: <http://legislacao.planalto.gov.br/legisla/legislacao.nsf/Viw_Identificacao/mpv%20905-2019?OpenDocument>. Acesso em: 21 set. 2022.

BRASIL. Medida Provisória n. 1.116, de 4 de maio de 2022. **Diário Oficial da União**, Poder Executivo, Brasília, DF, 5 maio 2022b. Disponível em: <http://www.planalto.gov.br/ccivil_03/_Ato2019-2022/2022/Mpv/mpv1116.htm#art35>. Acesso em: 20 set. 2022.

BRASIL. Ministério da Economia. Secretaria Especial de Previdência e Trabalho. Portaria n. 950, de 13 de janeiro de 2020. **Diário Oficial da União**, Brasília, DF, 14 jan. 2020a. Disponível em: <http://www.normaslegais.com.br/legislacao/portaria-seprt-950-2020.htm>. Acesso em: 21 set. 2022.

BRASIL. Ministério da Fazenda. Secretaria de Previdência. **Novas regras para o benefício de pensão por morte**. 22 out. 2015f. Disponível em: <http://www.previdencia.gov.br/2015/10/al-novas-regras-para-o-beneficio-de-pensao-por-morte/>. Acesso em: 21 set. 2022.

BRASIL. Supremo Tribunal Federal. Recurso Extraordinário n. 878.313 Santa Catarina. Relator: Ministro Marco Aurélio. **Diário da Justiça Eletrônico**, 18 ago. 2020b. Disponível em: <https://portal.stf.jus.br/processos/downloadPeca.asp?id=15344298655&ext=.pdf>. Acesso em: 21 set. 2022.

BRASIL. Tribunal Regional do Trabalho da 2ª Região. Processo n. 01715200504702005, de 25 de maio de 2010. Relatora: Sônia Aparecida Gindro. **Diário Eletrônico da Justiça do Trabalho**, 7 jun. 2010a. Disponível em: <http://search.trtsp.jus.br/easysearch/cachedownloader?collection=coleta002&docId=cf132bf04a14992172f2c592781981d81b7e2d5d&fieldName=Documento&extension=html#q=01715200504702005>. Acesso em: 21 set. 2022.

BRASIL. Tribunal Regional do Trabalho da 7ª Região. Processo n. 0000525-23.2019.5.07.0025, de 22 de fevereiro de 2019. Relator: Claudio Soares Pires **Diário Eletrônico da Justiça do Trabalho**, 11 dez. 2019c. Disponível em: <https://trt-7.jusbrasil.com.br/jurisprudencia/789792732/recurso-ordinario-trabalhista-ro-11549720185070003?ref=serp>. Acesso em: 21 set. 2022.

BRASIL. Tribunal Superior do Trabalho. Acórdão n. 1500-79.2012.5.03.0032, de 11 de junho de 2014. Relator Ministro: Mauricio Godinho Delgado. **Diário Eletrônico da Justiça do Trabalho**, 13 jun. 2014. Disponível em: <http://www.tst.jus.br/consulta-unificada>. Acesso em: 21 set. 2022.

BRASIL. Tribunal Superior do Trabalho. Acórdão n. 908-45.2013.5.18.0141, de 25 de fevereiro de 2015. Relator Desembargador Convocado: João Pedro Silvestrin. **Diário Eletrônico da Justiça do Trabalho**, 27 fev. 2015g. Disponível em: <http://aplicacao5.tst.jus.br/consultaunificada2/inteiroTeor.do?action=printInteiroTeor&format=html&highlight=true&numeroFormatado=RR%20-%20908- 45.2013.5.18.0141&base=acordao&rowid=AAANGhABIAAAHEzAAI&dataPublicacao=27/02/2015&localPublicacao=DEJT&query=>. Acesso em: 21 set. 2022.

BRASIL. Tribunal Superior do Trabalho. Orientação Jurisprudencial n. 361, de 20 de maio de 2008. **Diário da Justiça**, Brasília, DF, 20 maio 2008c. Disponível em: <http://www3.tst.jus.br/jurisprudencia/OJ_SDI_1/n_s1_361.htm#TEMA361>. Acesso em: 21 set. 2022.

BRASIL. Tribunal Superior do Trabalho. Precedente Normativo n. 95, de 2 de junho de 1998. **Diário da Justiça**, Brasília, DF, 20 ago. 1998b. Disponível em: <http://www3.tst.jus.br/jurisprudencia/PN_com_indice/PN_completo.html#Tema_PN95>. Acesso em: 21 set. 2022.

BRASIL. Tribunal Superior do Trabalho. Precedente Normativo n. 119, de 2 de junho de 1998. **Diário da Justiça**, Brasília, DF, 20 ago. 1998c. Disponível em: <http://www3.tst.jus.br/jurisprudencia/PN_com_indice/PN_completo.html#Tema_PN119>. Acesso em: 21 set. 2022.

BRASIL. Tribunal Superior do Trabalho. Processo n. 1165-54.2013.5.09.0001, de 4 de março de 2015. Relator Desembargador Convocado: João Pedro Silvestrin. **Diário Eletrônico da Justiça do Trabalho**, 6 mar. 2015h. Disponível em: <http://aplicacao5.tst.jus.br/consultaunificada2/inteiroTeor.do?action=printInteiroTeor&format=html&highlight=true&numeroFormatado=RR%20-%20 1165-54.2013.5.09.0001&base=acordao&rowid=AAANGhABIAAAIBNAAE&dataPublicacao=06/03/2015&localPublicacao=DEJT&query=>. Acesso em: 21 set. 2022.

BRASIL. Tribunal Superior do Trabalho. Súmula n. 17, de 21 de agosto de 1969. **Diário da Justiça**, Brasília, DF, 4 jul. 2008d. Disponível em: <http://www3.tst.jus.br/jurisprudencia/Sumulas_com_indice/Sumulas_Ind_1_50.html#SUM-17>. Acesso em: 21 set. 2022.

BRASIL. Tribunal Superior do Trabalho. Súmula n. 32, de 27 de novembro de 1970. **Diário da Justiça**, Brasília, DF, 19 nov. 2003a. Disponível em: <http://www3.tst.jus.br/jurisprudencia/Sumulas_com_indice/Sumulas_Ind_1_50.html#SUM-32>. Acesso em: 21 set. 2022.

BRASIL. Tribunal Superior do Trabalho. Súmula n. 51, de 14 de junho de 1973. **Diário da Justiça**, Brasília, DF, 20 abr. 2005b. Disponível em: <http://www3.tst.jus.br/jurisprudencia/Sumulas_com_indice/Sumulas_Ind_51_100.html#SUM-51>. Acesso em: 21 set. 2022.

BRASIL. Tribunal Superior do Trabalho. Súmula n. 119, de 19 de março de 1981. **Diário da Justiça**, Brasília, DF, 19 nov. 2003b. Disponível em: <http://www3.tst.jus.br/jurisprudencia/Sumulas_com_indice/Sumulas_Ind_101_150.html#SUM-119>. Acesso em: 21 set. 2022.

BRASIL. Tribunal Superior do Trabalho. Súmula n. 188, de 9 de novembro de 1983. **Diário da Justiça**, Brasília, DF, 19 nov. 2003c. Disponível em: <http://www3.tst.jus.br/jurisprudencia/Sumulas_com_indice/Sumulas_Ind_151_200.html#SUM-188>. Acesso em: 21 set. 2022.

BRASIL. Tribunal Superior do Trabalho. Súmula n. 212, de 26 de setembro de 1985. **Diário da Justiça**, Brasília, DF, 19 nov. 2003d. Disponível em: <http://www3.tst.jus.br/jurisprudencia/Sumulas_com_indice/Sumulas_Ind_201_250.html#SUM-212>. Acesso em: 21 set. 2022.

BRASIL. Tribunal Superior do Trabalho. Súmula n. 244, de 5 de dezembro de 1985. **Diário da Justiça**, Brasília, DF, 25 set. 2012. Disponível em: <http://www3.tst.jus.br/jurisprudencia/Sumulas_com_indice/Sumulas_Ind_201_250.html#SUM-244>. Acesso em: 21 set. 2022.

BRASIL. Tribunal Superior do Trabalho. Súmula n. 418, de 22 de agosto de 2005. **Diário da Justiça**, Brasília, DF, 22 ago. 2005c. Disponível em: <http://www3.tst.jus.br/jurisprudencia/Sumulas_com_indice/Sumulas_Ind_401_450.html#SUM-418>. Acesso em: 21 set. 2022.

BRASIL. Tribunal Superior do Trabalho. Súmula n. 423, de 10 de outubro de 2006. **Diário da Justiça**, Brasília, DF, 10 out. 2006. Disponível em: <http://www3.tst.jus.br/jurisprudencia/Sumulas_com_indice/Sumulas_Ind_401_450.html#SUM-423>. Acesso em: 21 set. 2022.

CARRION, V. **Comentários à Consolidação das Leis do Trabalho**: legislação complementar/jurisprudência. 46. ed. São Paulo: Saraiva, 2022.

CHIAVENATO, I. **Gestão de pessoas**. 5. ed. São Paulo: Atlas, 2020.

COSTA, R. de L. **Rotinas trabalhistas**: departamento pessoal modelo de A a Z. 8. ed. São Paulo: Cenofisco, 2019.

DELGADO, M. G. **Curso de direito do trabalho**. 19. ed. São Paulo: LTr, 2020.

GUIA TRABALHISTA. **Norma Regulamentadora 5 (NR 5)**. Disponível em: <http://www.guiatrabalhista.com.br/legislacao/nr/nr5.htm>. Acesso em: 21 set. 2022.

MARTINS, S. P. **Direito do trabalho**. 38. ed. São Paulo: Atlas, 2021.

MELLO, C. A. B. de. **Curso de direito administrativo**. 35. ed. São Paulo: Malheiros, 2021.

NASCIMENTO, A. M. **Curso de direito do trabalho**. 29. ed. São Paulo: Saraiva, 2014.

NASCIMENTO, A. M. **Iniciação ao direito do trabalho**. 37. ed. São Paulo: LTr, 2012.

NASCIMENTO, N. de O. **Manual do poder diretivo do empregador**. São Paulo: LTr, 2009.

OLIVEIRA, A. de. **Manual de prática trabalhista**. 51. ed. São Paulo: Atlas, 2018.

PAULO, V.; ALEXANDRINO, M. **Manual de direito do trabalho**. 17. ed. São Paulo: Método, 2013.

Capítulo 1

Questões para revisão

1. Você pode tomar algumas atitudes, mas entendemos – como sugestão – que a mais sensata é primeiramente conversar com seu futuro empregador, alertando-o de que, nessa condição, é ele quem assume os riscos do negócio. O empregador deve saber de suas responsabilidades, incluindo os aspectos trabalhistas, e que os princípios trabalhistas protegem o trabalhador em várias situações. Tratando particularmente do princípio da irrenunciabilidade de direitos, a legislação trabalhista confere ao empregado todos os direitos advindos da relação laboral, não havendo, pois, a necessidade de o profissional aceitar qualquer proposta que vise prejudicá-lo. Se, mesmo assim, o empregador não mudar de ideia, a melhor alternativa é não aceitar a proposta.

2. O entendimento do Tribunal Superior do Trabalho (TST), pela Súmula n. 212, é de que: "O ônus de provar o término do contrato de trabalho, quando negadas a prestação de serviço e o despedimento, é do empregador, pois o princípio da continuidade da relação de emprego constitui presunção favorável ao empregado" (Brasil, 2003d*).

3. A alternativa "e" está correta, pois somente as assertivas I e III estão certas.

4. A alternativa "a" está correta. Nos mais diferentes contextos,

* Os textos indicados nesta seção constam na lista de referências desta obra.

aquele que precisa interpretar ou aplicar as regras jurídicas trabalhistas deve escolher aquela que melhor atenda aos interesses do trabalhador, vinculando-se aos preceitos legais e à análise completa da interpretação das normas jurídicas.

5. A alternativa "c" está correta. As normas do direito do trabalho sempre são aplicadas com o propósito de nivelar a relação laboral e proteger o trabalhador, pois, de certa maneira, ele sempre representa a parte mais fraca juridicamente nesse contexto. Quando a CF de 1988 determina em seu texto o máximo de horas a serem labutadas, é exatamente para garantir ao trabalhador uma jornada de trabalho sem que haja a ingerência do empregador.

Questões para reflexão

1. Pelo princípio da irrenunciabilidade de direitos, podemos entender que o empregado não pode e não precisa renunciar a qualquer direito trabalhista.

2. O princípio da unicidade sindical, estampado no art. 8º, inciso II, da CF de 1998, determina a obrigatoriedade de existir somente um sindicato representativo de uma categoria profissional dentro da mesma base territorial, argumentando que isso é melhor para a categoria, pois assim ela será mais unida e mais forte do que se houvesse vários sindicatos para representá-la.

Capítulo 2

Questões para revisão

1. Somente é considerada *empregado* a pessoa física, como assim determina a Consolidação das Leis do Trabalho (CLT), em seu art. 3º: "Considera-se empregado toda pessoa física que prestar serviços de natureza não eventual a empregador, sob a dependência deste e mediante salário" (Brasil, 1943).

2. O empregador tem um prazo máximo de um ano, contado a partir da hora trabalhada a mais, para compensá-la em um dia no qual o empregado trabalhará a menos, para que aquela hora não se transforme em hora extra.

3. A alternativa "e" está correta. O princípio da continuidade da relação de emprego, presente no inciso I do art. 7º da

CF de 1988, garante que a relação de emprego deve ser, como regra, por prazo indeterminado, impondo indenização compensatória a ser paga pelo empregador nos casos de despedida arbitrária ou sem justa causa.

4. A alternativa "**b**" está correta. O assédio moral será caracterizado quando o trabalhador ficar exposto a circunstâncias que o constranjam ou o humilhem, de maneira repetitiva, durante seu trabalho, com a intenção de prejudicar sua dignidade e sua integridade física ou mental.

5. A alternativa "**b**" está correta. A CF de 1988, no Ato das Disposições Constitucionais Transitórias, em seu art. 10, inciso II, alínea "b", confere à empregada gestante a estabilidade provisória, desde a confirmação da gravidez até 5 meses após o parto.

Questões para reflexão

1. A reflexão deve estar condicionada à obrigatoriedade de o empregador pagar ou não a remuneração ao empregado. Sendo obrigatório, o pagamento poderá ser considerado um *ônus*, pois o empregado não trabalhará para seu empregador, mas, mesmo assim, receberá seu salário; caso contrário, por mais que tenha estabilidade, o empregador não terá ônus maior. Ressaltamos que a legislação não tem disposição sobre essa questão, deixando que as convenções coletivas de trabalho a regulamentem.

2. Em termos estatísticos, infelizmente, tanto o assédio moral quanto o assédio sexual são praticados mais comumente no ambiente laboral, necessitando, a nosso ver, de decisões mais efetivas do Poder Judiciário capazes de inibir tais práticas.

Capítulo 3

Questões para revisão

1. São necessários cinco sindicatos para a criação de uma federação que os represente.

2. A alternativa "**a**" está correta. A simples adesão à greve não é motivo para a dispensa do empregado e, certamente, não configura qualquer motivo caracterizador de justa causa.

3. A alternativa "**d**" está correta. A CLT, em seu art. 611, deixa bem clara a questão, permitindo as negociações coletivas e definindo que a convenção coletiva

de trabalho é o acordo firmado entre dois ou mais sindicatos representativos das categorias econômicas e profissionais. Além disso, é facultado aos sindicatos representativos de categorias profissionais celebrarem acordos coletivos com uma ou mais empresas da correspondente categoria econômica.

4. A alternativa "e" está correta. Para a greve ser considerada legal, alguns requisitos devem estar presentes, entre eles a fase preliminar, que é uma tentativa de conciliação que, se frustrada, passará para a próxima fase, que é a assembleia geral dos trabalhadores, na qual se decidirá ou não pela greve. Se assim for, uma comunicação ao empregador deverá ser dada com uma antecedência mínima de 48 horas, para os serviços entendidos como "normais", e de, pelo menos, 72 horas, para os serviços considerados "essenciais".

5. É obrigatória para todos os componentes de determinada categoria, consoante determinação do art. 579 da CLT: "A contribuição sindical é devida por todos aqueles que participarem de uma determinada categoria econômica ou profissional, ou de uma profissão liberal, em favor do sindicato representativo da mesma categoria ou profissão ou, inexistindo este, na conformidade do disposto no art. 591" (Brasil, 1943).

Questões para reflexão

1. A reflexão deve basear-se no sentido de que o trabalhador, sendo a parte mais frágil da relação, obrigatoriamente deve juntar-se aos demais componentes de sua categoria, respaldados por sua entidade de classe, para que, assim fortalecidos, tenham poder de barganha muito maior, podendo, por meio da greve, como última saída, exercer uma pressão mais efetiva na busca de melhores condições para todos.

2. De certa forma, o sindicalismo está consolidado no Brasil como instrumento de defesa dos interesses das categorias profissionais, mas ainda existem várias classes, por exemplo, a dos empregados domésticos –, que ainda estão totalmente desprotegidas, não havendo entidades sindicais fortes e efetivas que as defendam.

Capítulo 4

Questões para revisão

1. A alternativa "**a**" está correta. O empregador pode reter a Carteira de Trabalho e Previdência Social (CTPS) do empregado por, no máximo, 48 horas, sob pena de multa.
2. A alternativa "**b**" está correta. O atestado de antecedentes criminais e os testes de gravidez fazem parte do rol de documentos que o departamento de pessoal está proibido de exigir do empregado.
3. A alternativa "**c**" está correta. Entre os setores do departamento de pessoal, podemos encontrar os de admissão, de compensação e de desligamento.
4. A Lei n. 13.467/2017 revogou o § 1º do art. 477 da CLT, extinguindo a obrigatoriedade de a homologação da rescisão do contrato de trabalho ocorrer no sindicato da categoria. Portanto, a rescisão poderá ser feita na própria empresa, independentemente do prazo de vigência do contrato.
5. Entre as funções do setor de compensação, que faz parte do departamento de pessoal, estão o controle da frequência dos empregados, a elaboração da folha de pagamento, bem como o cálculo de tributos relativos a cada relação de emprego.

Questões para reflexão

1. A reflexão deve levar em conta que o empregador é aquele que assume os riscos do negócio.
2. Seria muito interessante e importante que todas as empresas pudessem ter seu departamento de pessoal bem estruturado. Contudo, sabemos que boa parte delas, principalmente entre as micro e pequenas empresas – na tentativa de diminuir os custos –, busca alianças com profissionais contábeis para que eles desempenhem as funções que seriam desse departamento.

Capítulo 5

Questões para revisão

1. Entre os requisitos de obrigatoriedade para o contrato de estágio estão a matrícula e a frequência regular do estagiário, também chamado de *educando*, em curso de educação superior, de educação profissional, de ensino médio ou de educação especial, além da celebração

de termo de compromisso entre as partes envolvidas, devendo as atividades executadas ser compatíveis com os estudos do educando.

2. Sim. Sempre que estiverem presentes os requisitos da relação de emprego (a pessoalidade, a não eventualidade, a subordinação e a onerosidade) e ausentes as condições legais caracterizadoras do contrato de estágio.

3. A alternativa "c" está correta. O art. 428 da CLT, em seu parágrafo 3º, assim dispõe: "O contrato de aprendizagem profissional não poderá ter duração superior a três anos [...]" (Brasil, 1943).

4. A alternativa "c" está correta. É determinação literal do inciso XXXIII do art. 7º da CF de 1988: "proibição [...] de qualquer trabalho a menores de dezesseis anos, salvo na condição de aprendiz, a partir de quatorze anos" (Brasil, 1988).

5. A alternativa "b" está correta. O prazo do contrato de experiência não pode exceder ao período de 90 dias, podendo, dentro desse prazo, ser prorrogado uma única vez. É a determinação do parágrafo único do art. 445 da CLT: "O contrato de experiência não poderá exceder de 90 (noventa) dias" (Brasil, 1943), conjugado com o art. 451: "O contrato de trabalho por prazo determinado que, tácita ou expressamente, for prorrogado mais de uma vez passará a vigorar sem determinação de prazo" (Brasil, 1943).

Questões para reflexão

1. A reflexão deve levar em conta a inserção no mercado de trabalho daquele que não tem qualquer ofício.

2. A reflexão deve considerar que existe uma norma legal que regulamenta o contrato de estágio, a qual determina que, mesmo estando presentes os requisitos da relação de emprego, não há o vínculo empregatício.

Capítulo 6

Questões para revisão

1. O art. 473 da CLT traz um rol de situações em que o empregado pode faltar ao serviço, sem prejuízo de seu salário. Entre elas, podemos encontrar: até 2 dias consecutivos, em caso de falecimento do cônjuge, ascendente, descendente, irmão ou

pessoa que, declarada em sua CTPS, viva sob sua dependência econômica; até 3 dias consecutivos, em virtude de casamento; por 5 dias, em caso de nascimento de filho, no decorrer da primeira semana.

2. Estão entre os requisitos obrigatórios para que o desempregado possa receber o seguro-desemprego: ter recebido salários de pessoa jurídica ou de pessoa física a ela equiparada, relativos a cada um dos 6 meses imediatamente anteriores à data da dispensa; ter sido empregado de pessoa jurídica ou de pessoa física a ela equiparada, durante, pelo menos, 6 meses nos últimos 36 meses; e não gozar de qualquer benefício previdenciário de prestação continuada, previsto no Regulamento dos Benefícios da Previdência Social, excetuados o auxílio-acidente e a pensão por morte.

3. A alternativa "d" está correta. O direito ao seguro-desemprego é dado ao trabalhador que tenha sido dispensado de maneira involuntária ou sem justa causa, que comprove o vínculo empregatício, pelo menos, nos últimos 6 meses anteriores à dispensa, que não tenha renda própria de qualquer natureza suficiente para sua manutenção e a de sua família e que não esteja gozando de qualquer benefício previdenciário de prestação continuada, com exceção do auxílio-acidente e de pensão por morte.

4. A alternativa "b" está correta. A CF de 1988 define, em seu art. 7º, inciso VII, a garantia de salário nunca inferior ao mínimo para os que recebem remuneração variável.

5. A alternativa "b" está correta. O sistema de compensação de horas, admitido pela CF de 1988 e regulamentado pela CLT, em seu art. 59, prevê que, mediante acordo ou convenção coletivos de trabalho, as horas trabalhadas após a jornada diária, num máximo de 2 horas por dia, poderão ser compensadas em outro dia, desde que não se ultrapasse o período de um ano.

Questões para reflexão

1. A reflexão deve se ater somente aos valores recebidos pelo empregado quando desempenha alguma atividade prejudicial à sua saúde,

relacionando-os aos prejuízos físicos ou mentais sofridos por ele.

2. Pode-se refletir sobre a situação em que o trabalhador que está recebendo o seguro-desemprego, ao ser contratado por um novo empregador, pede ao contratante que o registre somente após receber todas as parcelas às quais tem direito.

Capítulo 7

Questões para revisão

1. Para o trabalhador urbano, a idade mínima para a aposentadoria voluntariamente é de 65 anos para o homem e de 62 anos para a mulher. Para o trabalhador rural, a idade mínima para o homem é de 60 anos e para a mulher é de 55 anos. A carência mínima exigida é de 240 contribuições mensais para os trabalhadores urbanos do sexo masculino e 180 contribuições mensais para as trabalhadoras urbanas do sexo feminino. Os trabalhadores rurais têm de provar, com documentos, 180 meses de trabalho no campo.

2. Professores do sexo masculino com 60 anos de idade e do sexo feminino com 57 anos podem requerer sua aposentadoria, desde que tenham um tempo de contribuição de 25 anos.

3. A alternativa "**a**" está correta. A CF de 1988 assegura, em seu art. 7º, inciso XII, o salário-família a ser pago aos trabalhadores de baixa renda, devidamente regulamentado pelo Decreto n. 3.048/1999, o qual estende ao pai e à mãe tal benefício, desde que atendidos os demais requisitos legais.

4. A alternativa "**e**" está correta. Para o empregado ter direito ao auxílio-doença, é exigida uma carência de, no mínimo, 12 meses de contribuição, mas somente para os casos de doença. Nas situações de acidente, basta estar inscrito na Previdência Social.

5. A alternativa "**a**" está correta. Segundo o art. 16 da Lei n. 8.213/1991, são dependentes de 1ª classe, com dependência presumida, "o cônjuge,

a companheira, o companheiro e o filho não emancipado, de qualquer condição, menor de 21 (vinte e um) anos ou inválido ou que tenha deficiência intelectual ou mental que o torne absoluta ou relativamente incapaz, assim declarado judicialmente" (Brasil, 1991).

Questões para reflexão

1. Deve-se refletir sobre alguma ocasião em que foi preciso utilizar algum benefício da Previdência Social.

2. Nessa reflexão, deve-se analisar todo o sistema, especialmente a forma de arrecadação e a forma de distribuição dos benefícios.

Silvano Alves Alcantara é domiciliado em Curitiba (PR). Tem doutorado em Direito pela Universidad Católica de Santa Fé (Argentina) e graduação em Direito pela Universidade Tuiuti do Paraná (UTP). Atualmente, é professor de cursos de graduação e pós-graduação do Centro Universitário Internacional Uninter, onde exerce a função de coordenador dos cursos de pós-graduação em Direito. É também professor convidado da Universidade Federal do Paraná (UFPR) no MBA em Gestão Contábil e Tributária. É advogado e atua nas áreas tributária, empresarial e trabalhista.

Impressão:
Dezembro/2022